10 consejos para alargar tu vida

10 CONSEJOS PARA ALARGAR TU VIDA

BERTIL MARKLUND

DIANA

Obra editada en colaboración con Editorial Planeta - España

Título original: *10 TIPS-Må bättre och lev 10 år längre*

© 2016, Bertil Marklund
Publicado con acuerdo con Ahlander Agency.
© 2017, Gemma Pecharromán Miguel y Beatriz Carlsson Pecharromán, por la traducción

© 2017, Editorial Planeta, S.A.

Derechos reservados

© 2017, Editorial Planeta Mexicana, S.A. de C.V.
Bajo el sello editorial DIANA M.R.
Avenida Presidente Masarik núm. 111, Piso 2
Colonia Polanco V Sección
Delegación Miguel Hidalgo
C.P. 11560, Ciudad de México
www.planetadelibros.com.mx

Diseño de portada: Planeta Arte & Diseño
Imagen de portada: © Renata Ramsini / Arcangel
Fotografía del autor: © Olle Kirchmeier
Diseño de interior: © Miroslav Sokcic

Primera edición impresa en España: marzo de 2017
ISBN: 978-84-08-16803-4

Primera edición impresa en México: septiembre de 2017
ISBN: 978-607-07-4343-6

Impreso en los talleres de Litográfica Ingramex, S.A. de C.V.
Centeno núm. 162-1, colonia Granjas Esmeralda, Ciudad de México
Impreso en México -*Printed in Mexico*

Sumario

Introducción   9

¿Qué determina la duración de tu vida?   13

1. Rejuvenece con el ejercicio físico   23

2. Saca tiempo para relajarte   35

3. Duerme bien   45

4. Toma el sol, pero con moderación   53

5. Come bien para estar sano   61

6. Hidrátate bien   81

7. Controla tu peso   91

8. Cuida tu salud bucodental   101

9. Sé optimista   107

10. Cuida tus relaciones sociales   115

¡Empieza hoy!   123

Bibliografía   125

Agradecimientos   133

Introducción

Durante muchos años me he preguntado cómo hay que vivir para disfrutar el mayor tiempo posible de este mundo. Mis padres tenían varios de los factores de riesgo que te hacen propenso a desarrollar diversas enfermedades y, por desgracia, ambos fallecieron demasiado pronto. Eso me dejó preocupado. ¿Podía su herencia genética afectar negativamente mi salud y mi esperanza de vida? Decidí investigar el tema a fondo para saber qué tenía que hacer para gozar de una vida lo más larga y sana posible.

Soy médico de cabecera y, a lo largo de los años, he visitado a infinidad de pacientes. Además, en tanto que médico e investigador, he tenido acceso a todos los estudios científicos que necesitaba y, lógicamente, conocía muy bien el tema. En el mundo de la medicina hablamos mucho de los factores de riesgo que conducen a la enfermedad y a la muerte prematura. Sin embargo, empecé a planteármelo todo desde otro ángulo, lo cual me llevó a interesarme cada vez más por los beneficios en vez de centrarme en las enfermedades y la muerte. Decidí estudiar factores de salud en vez de factores de riesgo, cambiar el enfoque de lo negativo a lo positivo, con el objetivo puesto en las nuevas investigaciones que analizaban por qué algunas personas estaban tan sanas y vivían tantos años.

En esos estudios recientes encontré lo que estaba buscando, es decir, cómo mantenerse sano y vivir más años. Los estudios mostraban que la genética solo influye un 10 por ciento en la esperanza de vida, mientras que el estilo de vida determina el 90 por ciento restante. Aunque las cifras varían un poco entre los diferentes estudios, todos muestran que el estilo de vida es el factor decisivo. Este era un dato relativamente nuevo, y me alegró saber entonces que era yo mismo quien controlaba la duración de mi vida, no mis genes. Yo puedo decidir mi estilo de vida e influir con este en mi salud, y el beneficio es increíble: puedo añadir a mi vida diez años gozando de buena salud, quizá más. Soy yo quien decide cómo quiero envejecer, o cómo no quiero envejecer.

Ahora voy a transmitir estos conocimientos sobre el estilo de vida que permite vivir más y mejor a todos aquellos interesados en mejorar y reforzar su salud y en frenar las enfermedades y el envejecimiento. Espero que disfrutes de este libro, que puede servirte como una breve guía para una larga vida.

¿Por qué un nuevo libro de autoayuda?

Ya hay un montón de libros de autoayuda sobre una gran variedad de temas de salud y sobre cómo cambiar el estilo de vida para sentirse mejor y vivir más años. Por lo general, uno se compra un libro sobre algo que desea cambiar en su vida y, a menudo, el ejemplar tiene unas trescientas o cuatrocientas páginas, a veces incluso más. Si uno es realmente ambicioso, quizá se lea todo el libro en menos de una semana. El contenido está bien, hay muchos consejos, pero el problema es que cuando uno va llegando al final del libro, lo más probable es que esté completamente saturado. Se abarcan tantas cosas y se desarrollan tanto que uno necesita un respiro antes de poner en práctica los nuevos consejos. En definitiva, pasa demasiado tiempo entre la lectura y la puesta en práctica, y eso es un problema.

Los cambios que uno está dispuesto a acometer de inmediato, preferiblemente el mismo día, o quizás al día siguiente, tienen muchas posibilidades de éxito. Pero si empiezas a pensar que primero tienes que reunir fuerzas y que empezarás a hacerlo la semana siguiente, o quizás el mes que viene, existe un riesgo considerable de que no se produzca ningún cambio. Puede que, en vez de eso, y pasado un tiempo, te compres otro libro de autoayuda con la esperanza de encontrar algo que sea más fácil de llevar a la práctica.

Pero este libro es distinto, y voy a contarte por qué.

Adopta un nuevo enfoque

Lo importante es que tengas claro por qué deberías cambiar tu estilo de vida. Si la respuesta es que eso te permitirá vivir diez años más, y con más salud, cabe esperar que aumente considerablemente la motivación para que hagas un cambio en tu estilo de vida. La mayoría de las personas quiere tener una vida más larga y saludable, y el punto de partida de este libro es contarte cómo puedes conseguirlo.

Se basa en la experiencia profesional

Todos los datos y consejos que aparecen en este libro se basan en la experiencia y en el conocimiento que he adquirido a lo largo de los años, por una parte, como médico general y, por otra, como investigador en el campo de la medicina general y de la salud pública. Los datos recogidos en el libro se apoyan también en una lectura exhaustiva de la literatura científica, de investigaciones sobre la salud y de declaraciones de expertos.

Ofrece nuevos datos sobre la inflamación

Este libro se basa en interesantes investigaciones científicas que muestran que la presencia de inflamación en el cuerpo supone una gran amenaza para la salud. Cómo se produce, cuáles son sus consecuencias y qué podemos hacer para protegernos contra ella serán temas centrales a lo largo del libro.

Se centra en mejorar y prevenir

Este libro parte de dos perspectivas distintas. Propone unas medidas que puedes adoptar tú mismo para sentirte bien y otras orientadas a mejorar tu salud. Al mismo tiempo, explica cómo puedes prevenir la enfermedad con la ayuda de estas pautas.

La salud no es un estado estático. Todos alternamos entre una buena y una mala salud a lo largo de nuestra vida. Pero la vida es compleja. Uno puede sentirse bien aunque tenga una enfermedad, mientras que otra persona completamente sana puede padecer problemas de salud y sentirse mal. Nacemos con diferentes predisposiciones, pero aun así todos podemos hacer algo por nuestra salud.

La perspectiva centrada en los beneficios para la salud parte de observar aquello que contribuye a un buen estado de salud o a mejorarlo. Este enfoque implica también que no existe un solo factor que favorezca un buen estado de salud, sino una gran cantidad de factores interdependientes. De ahí los diez capítulos del libro. La clave es activar aquellas fuerzas internas que todos tenemos para conseguir una vida más larga y saludable; no solo por la salud en sí, sino porque la buena salud es un recurso que ayuda a alcanzar otras metas en la vida.

Este libro ofrece consejos para que te sientas bien en cuerpo y alma, y son aptos para todo el mundo. Si te sientes bien actualmente, puedes reforzar y mantener esa sensación. Si sufres ya una dolencia o enfermedad, los consejos te ayudarán a mejorar aspectos de tu estilo de vida y a sentirte mejor, o a evitar que tu salud se deteriore más.

Muchos consejos son sencillos, da el primer paso

Lo más importante es dar el primer paso para hacer un cambio en tu estilo de vida. Por eso, elige algo que sea relativamente fácil cambiar y empieza ahora mismo. Después, utiliza este libro como apoyo y referencia para ir añadiendo poco a poco nuevos hábitos. El cambio hacia un modo de vida saludable no tiene que ser un suplicio, sino percibirse como algo positivo y sensato. De este modo podrás mantener esos nuevos hábitos en el futuro. Imagínate alimentándote bien, con comida rica y saludable. Imagínate subiendo fácilmente esa cuesta tan larga en bicicleta. Es importante crear imágenes positivas de lo que quieres conseguir, ya que aumenta la probabilidad de que se haga realidad.

Más tarde, vuelve al libro, coméntalo con tus amigos y comparte tus mejores recomendaciones. Eso hará que los hábitos saludables se mantengan vivos.

¿Qué determina la duración de tu vida?

Como te contaba en la introducción, en la actualidad sabemos que tu estilo de vida es absolutamente esencial para que goces de una vida larga y buena. Puedes influir considerablemente en la duración de tu vida, así como en tu salud, con elecciones activas.

Antes de empezar con los consejos para gozar de una buena salud, tenemos que comprender a fondo cómo encajan los diferentes elementos. ¿Cómo vamos a mejorar y reforzar nuestra salud física y mental para sentirnos bien y protegernos contra la inflamación?

La inflamación, la gran amenaza

La gran amenaza para nuestra salud es que aparezca una inflamación en el cuerpo a causa, principalmente, de un estilo de vida poco saludable. Voy a mostrar cómo están relacionados el estilo de vida y la inflamación, de qué manera afectan a nuestra salud y cómo podemos evitarla.

La inflamación que supone un riesgo es aquella que es leve y crónica. Es insidiosa porque puede que no sepas que la tienes, y por eso no sabes que te está perjudicando constantemente. Uno puede sentirse perfectamente llevando un estilo de vida poco saludable, pero lo que no suele tener claro es el alto precio que pagará por ello: ¡el envejecimiento prematuro! El hecho de que la inflamación influya tanto en nuestra salud es un dato muy interesante que se conoce desde hace relativamente poco, por lo que tal vez no todo el mundo lo sepa.

¿Cuántos años se alarga la vida en realidad?

Los diferentes cambios para adoptar un estilo de vida más saludable influirán en la cantidad de años que podemos prolongar nuestra vida. Las cifras que se mencionan en el libro son la media de todos los participantes de un estudio en particular. Eso significa que si un cambio en el estilo de vida ha dado una media de siete años más de vida para todos los que participaban en el estudio, el número de años puede variar (por ejemplo, de tres a once años) entre los miembros del grupo. Por lo tanto, no puede saberse con exactitud cuál será el resultado en un caso individual. Sin embargo, la conclusión sigue siendo clara: si se realiza ese cambio en el estilo de vida, aumentan las probabilidades de conseguir una vida más saludable y prolongarla unos cuantos años más.

Si alguien hace varios cambios en su estilo de vida, no puede sumar sin más todos los años que añada cada cambio concre-

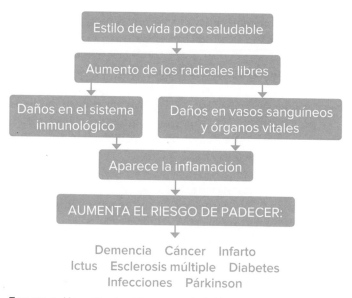

FIGURA 1. Un estilo de vida poco saludable aumenta el riesgo de padecer enfermedades.

to, sino que los efectos de los diferentes cambios están interconectados. Eso significa que aumenta en general la probabilidad de retrasar enfermedades, de sentirse bien y de alargar la vida aún más.

¿Cómo surge la inflamación?

La inflamación puede originarse de diferentes maneras, pero se debe principalmente a la presencia de radicales libres.

Cuando respiramos, el oxígeno entra en los pulmones, pasa a la circulación sanguínea y se transporta a todas las células del cuerpo. A su vez, las células utilizan el oxígeno para producir energía para sus procesos vitales. Al mismo tiempo se crea un subproducto: los radicales libres. El cuerpo puede hacer uso de una pequeña cantidad de radicales, pero si uno lleva un estilo de vida poco saludable, se producen demasiados. Estos residuos con carga eléctrica se desbocan y empiezan a dañar las distintas células del cuerpo, lo cual causa inflamación. Todas las células pueden resultar dañadas, desde los tejidos hasta los vasos sanguíneos y los órganos vitales. Además, el sistema inmunológico también se resiente (véase la figura 1).

¿Qué provoca la inflamación crónica?

A medida que envejecemos, la inflamación y los daños causados por los radicales libres son cada vez más evidentes. El sistema inmunológico se deteriora, y las bacterias, los virus y las células cancerígenas son capaces de multiplicarse y propagarse. Pero el deterioro del sistema inmunológico también puede volverlo excesivamente ambicioso, por lo que empieza a atacar las células sanas del cuerpo. Es entonces cuando surgen las llamadas enfermedades autoinmunes.

La inflamación prolongada también perpetúa el daño en los tejidos, los vasos sanguíneos y los órganos y hace que funcionen cada vez peor. En resumen, la inflamación causa una serie de enfermedades, como las mencionadas en la figura 1.

Las enfermedades que suelen afectar a nuestra salud
tienen todas una misma causa
⟶ la inflamación

¿Cómo puedes reforzar tu salud y luchar contra la inflamación?

Al elegir un estilo de vida saludable, refuerzas tu salud a la vez que estimulas los procesos de autocuración que combaten de diferentes maneras la aparición de la inflamación y sus efectos nocivos.

1. Fortalece el sistema inmunológico mediante un estilo de vida saludable y reparador.
2. Reduce la producción de radicales libres mediante un estilo de vida preventivo.
3. Neutraliza los radicales libres formados mediante un estilo de vida protector.

Tú decides, con tu estilo de vida, el camino que quieres seguir para mejorar tu salud.

1. Fortalece el sistema inmunológico

El sistema inmunológico abarca los ganglios linfáticos, el bazo y la médula ósea, así como una gran cantidad de glóbulos blancos que patrullan por el cuerpo en busca de intrusos. Ellos defienden el cuerpo frente a las invasiones exógenas, buscando y destruyendo bacterias y virus patógenos. Además, se encargan de matar a las células dañadas por los radicales libres, que corren el riesgo de convertirse en células cancerígenas.

Un tipo especial de glóbulos blancos, los conocidos como «células asesinas naturales» o «células NK» *(natural killers)*, son los defensores especiales del sistema inmunológico. Tan pronto como detectan a un intruso, intentan entrar en contacto con la célula para liberar una toxina que penetre dentro de esa célula extraña y la destruya. Así, de esta manera tan fantástica, funciona nuestro cuerpo.

También tenemos un gran sistema inmunológico, muy desarrollado, en la mucosa intestinal, que colabora con las bacterias del intestino. Cuando comemos y bebemos, entran constantemente sustancias extrañas en nuestro cuerpo, y el mecanismo de defensa inmunológico gastrointestinal puede distinguir entre lo que es peligroso y lo que es bueno para nuestra salud. La buena alimentación y un bajo nivel de estrés son dos buenas maneras de fortalecer el sistema inmunológico gastrointestinal.

Al optar por un estilo de vida saludable, podemos reforzar el sistema inmunológico de defensa. Podemos aumentar la cantidad de células del sistema inmunológico y su grado de actividad. Así estaremos bien equipados para resistir las infecciones y el desarrollo de cáncer.

2. Reduce la producción de radicales libres

Un estilo de vida saludable significa vivir de tal manera que se reduzca considerablemente la producción de radicales libres, con lo cual también se reducen los daños en el sistema inmu-

FIGURA 2. Un estilo de vida saludable protege contra las principales enfermedades.

nológico, los vasos sanguíneos y los órganos del cuerpo. Esto, a su vez, reduce la inflamación y, con ello, el riesgo de contraer una serie de enfermedades (véase la figura 2). Este libro describe cómo puede reducirse notablemente el número de radicales libres con un estilo de vida saludable.

Fumar: el mayor causante de radicales libres e inflamación

Fumar es una de las peores elecciones que puedes hacer si quieres disfrutar de una vida larga y sana. Fumar aumenta considerablemente la producción de radicales libres, que dañan de manera directa los vasos sanguíneos, el sistema inmunológico y los órganos. En resumidas cuentas, fumar provoca un aumento de la inflamación en el cuerpo.

Además, el humo contiene sustancias cancerígenas, lo cual se traduce en un incremento de enfermedades pulmonares, enfermedades cardiovasculares, cáncer y muchas otras dolencias. Según las investigaciones científicas, fumar acelera el envejecimiento, y el fumador pierde de media entre ocho y doce años de vida.

Imagínate que eres fumador y dejas de fumar para vivir, a cambio, una vida más saludable. Dado que el cuerpo tiene la capacidad de recuperarse gradualmente, eso podría significar pasar de tener ocho años menos de esperanza de vida a tener quizás ocho años más; es decir, la posibilidad de alargar la vida un total de dieciséis años y de disfrutar, además, de una vida más sana. Ojalá que este dato pueda darte la motivación necesaria para tomar una buena decisión: dejar de fumar.

3. Neutraliza los radicales libres formados

El cuerpo ha desarrollado una protección frente al ataque de los radicales libres, los llamados «antioxidantes». Dado que la producción de antioxidantes por parte del organismo comienza a reducirse alrededor de los veinticinco años, hay que adquirirlos a través de la alimentación. Sobre este tema profundizaré más en un capítulo posterior.

Mejora tu estado de salud. ¡Empieza hoy!

Si has llevado, o sigues llevando, un estilo de vida poco saludable, olvídate del pasado. Lo importante es lo que hagas a partir de ahora, mañana y el resto de tu vida. La regeneración y el proceso de curación comienzan inmediatamente en cuanto mejoras tu estilo de vida, y los efectos no tardan en llegar. Esto es así empieces cuando empieces; dicho de otro modo: nunca es tarde para empezar. No importa qué comiences a cambiar en tu estilo de vida, lo importante es que hagas algo que afecte de manera positiva a tu salud.

El resultado será una vida
más larga y saludable.

Hallazgos científicos

En un amplio estudio realizado en once países europeos a lo largo de doce años se obtuvieron unos resultados sorprendentes: una reducción de la mortalidad por cáncer del 60 por ciento durante el periodo de estudio entre las personas que se pasaron a un estilo de vida más saludable.

Los investigadores también pudieron concluir que aquellos que vivían una vida más saludable eran catorce años más jóvenes, desde el punto de vista biológico, y esto se mantuvo mientras duró el estudio.

El propósito de este libro

Con este libro quiero mostrar que el estilo de vida puede ayudar a fortalecer el sistema inmunológico y a prevenir la inflamación en el cuerpo. Si sigues estos consejos, te sentirás mejor y más joven. Además, te permitirán evitar una serie de enfermedades y retrasar el envejecimiento biológico.

Espero poder mostrarte cómo tu estilo de vida puede reforzar tus propias defensas internas. Cuantos más hábitos saludables adquieras, con más años de vida sana podrás contar. Comencemos con uno de los consejos más importantes: la importancia de la actividad física.

CONSEJO

1

Rejuvenece con el ejercicio físico

Estamos hechos para movernos; por eso, mantener el cuerpo activo tiene una serie de efectos positivos. ¿Qué te parece minimizar el riesgo de contraer unas 30 o 40 enfermedades realizando algún tipo de actividad física? Aun así, a muchos les parece que no tienen tiempo para practicar ejercicio físico.

Si hoy no dedicas tiempo a hacer ejercicio, más adelante en la vida tendrás que dedicar mucho más tiempo a estar enfermo.

El ejercicio no solo alarga la vida, sino que también nos aporta más energía para que nos sintamos varios años más jóvenes. Las personas que empiezan a practicar ejercicio o realizan actividades físicas de intensidad media envejecen más lentamente que quienes llevan una vida sedentaria. Una persona de sesenta años puede tener el cuerpo de una de cuarenta, y una persona de cuarenta puede tener el cuerpo de una de sesenta.

Al margen de la edad y de la condición física que tengas, el ejercicio siempre rejuvenece el cuerpo.

Pero recuerda que la actividad física solo rejuvenece mientras sigas haciendo ejercicio. Los efectos del ejercicio son temporales, no pueden almacenarse en el cuerpo, sino que es necesario repetir la actividad con regularidad.

¿Cómo puede rejuvenecer el cuerpo la actividad física?

El ejercicio físico afecta a todo el cuerpo, incluidos el corazón y los vasos sanguíneos, el sistema inmunológico, los músculos, los huesos y la salud psíquica. Para fortalecer el cuerpo también es necesario llevar una dieta saludable. Con todo ello las células se regeneran, se forman nuevos vasos sanguíneos que mejoran la circulación, aumenta la capacidad cardiaca y pulmonar, y disminuye la cantidad de hormonas del estrés, lo cual reduce la inflamación y refuerza el sistema inmunológico.

Estos son los efectos positivos de la actividad física:

Prolonga la vida

La actividad física prolonga la vida. Varios estudios han demostrado que el ejercicio físico, practicado con regularidad, puede alargar la vida unos ocho años. Esas investigaciones demuestran también que, en comparación con las personas sedentarias, el riesgo de sufrir una muerte prematura disminuye más del 50 por ciento en las personas en buena forma física.

Reduce el estrés

La actividad física regular reduce los síntomas del estrés, lo cual hace que estés más relajado, te sientas mejor y puedas afrontar mejor el estrés. Con ello disminuye a su vez la inflamación en el cuerpo y se frena el envejecimiento.

Combate la demencia

La investigación científica ha demostrado que por medio del ejercicio puede conseguirse un retraso significativo en el desarrollo de la demencia. La actividad física mejora la memoria a largo plazo y ralentiza el envejecimiento de los vasos sanguíneos.

Combate la diabetes

En los casos de diabetes, el ejercicio físico combate eficazmente los factores de riesgo que causan morbilidad y conducen a una muerte prematura.

Combate el cáncer

La actividad física protege frente a algunos tipos de cáncer, como el de mama, de próstata, de útero y de colon.

Combate las enfermedades cardiovasculares

Los estudios han demostrado que los hombres que hacen ejercicio corren la mitad de riesgo de sufrir un infarto que aquellos que no. Las mujeres que caminan tienen casi la mitad de riesgo de sufrir un ictus que aquellas que no lo hacen. En las personas que se muestran activas en su día a día, el riesgo de sufrir una enfermedad cardiovascular o una muerte prematura se reduce un 30 por ciento en comparación con quienes tienen una vida sedentaria.

Tres tipos de actividad física saludable

Cualquier actividad es buena. No importa la que elijas mientras sea divertida, la hayas elegido tú y sea fácil de hacer, ya que así es más probable que la mantengas. Lo importante es motivarse y empezar. Si piensas en los efectos positivos de la actividad física —que reduce las hormonas del estrés, fortalece el sistema inmunológico, mejora la autoestima, aumenta la vitalidad, agudiza el pensamiento, mejora el sueño, aumenta la alegría y rejuvenece el cuerpo—, a lo mejor empiezas a echar de menos tu paseo, tu vuelta en bicicleta o tu sesión de gimnasia.

Para sacar el máximo partido del ejercicio físico, debes recordar que hay tres tipos básicos de actividad física: actividad física general, entrenamiento cardiovascular, y ejercicios de fuerza y flexibilidad. Cada uno de ellos combate el proceso de envejecimiento de manera diferente. Procura incluir los tres tipos en tu plan de ejercicio.

1. Actividad física general

Se refiere al ejercicio diario. Tiene un efecto positivo y, si lo piensas, puede practicarse a todas horas. Pasear, trabajar en el jardín, limpiar las ventanas, ir a comprar la despensa, elegir las escaleras en vez del elevador, dejar el coche cuando sea posible ir caminando o en bicicleta, todo ello mejora la salud. Cada vez más científicos hacen hincapié en la importancia del ejercicio diario. Con tan solo aumentar el nivel de actividad física general, sin ni siquiera llegar a sudar, podemos beneficiarnos del 40 por ciento del efecto rejuvenecedor asociado a la actividad física.

2. Entrenamiento cardiovascular

Se refiere a actividades que hagan latir el corazón más deprisa, que te dejen sin aliento, y, preferiblemente, que te hagan sudar un poco. Un ejemplo de este tipo de entrenamiento son los paseos rápidos. Si eliges hacer *footing*, existe una buena regla para decidir la intensidad: debe ser tal que te permita hablar con tu compañero de entrenamiento si es necesario; pero si puedes cantar, quiere decir que el ritmo es demasiado lento.

También cuentan como ejercicio físico otras actividades como el baile, el bádminton, el tenis, el futbol, el esquí, el patinaje, los paseos en bici, la natación y el aeróbic acuático. Elige la actividad que más te convenga. Este tipo de ejercicio aporta otro 40 por ciento al efecto rejuvenecedor asociado a la actividad física.

3. Ejercicios de fuerza y flexibilidad

La masa muscular empieza a disminuir a partir de los treinta años, y esto debe combatirse a tiempo. Cada aumento del uno por ciento de la masa muscular puede suponer un año más de vida. Desarrollar y fortalecer los músculos mediante un entrenamiento de fuerza, y mantenerlos en forma después, puede aportar un 20 por ciento al efecto rejuvenecedor total producido por el ejercicio. Y es un porcentaje importante, porque implica el fortalecimiento de los músculos y los huesos, lo cual reduce el riesgo de sufrir desgarros musculares y lesiones articulares mientras practicas los demás tipos de actividad física.

¿Cuánto debes entrenar?

Debe ser poco y con frecuencia; según las investigaciones realizadas, basta con treinta minutos de ejercicio diario. Y se consiguen aún más efectos saludables si se añaden entre veinte y treinta minutos de carrera, o alguna actividad similar, tres días a la semana.

Otra opción es combinar las actividades antes mencionadas. Se recomienda también realizar actividad física para fortalecer los músculos al menos dos veces por semana para la mayoría de los principales grupos musculares del cuerpo.

En niños se recomienda un mínimo de sesenta minutos de actividad física al día.

Hallazgos científicos
Desde el punto de vista biológico, una persona que hace ejercicio por lo menos tres horas a la semana tiene un cuerpo diez años más joven que quien no lo practica.

¿Se puede entrenar demasiado?

Se aconseja entrenar lo justo. Los estudios científicos han demostrado que el entrenamiento extremo no mejora la salud, sino que aumenta el riesgo de lesiones, como las fracturas por fatiga. Los corredores de maratón pueden sufrir problemas cardiacos como la fibrilación auricular, así como lesiones por esfuerzo repetitivo en las caderas y las rodillas. Dicho de otro modo, aquello de que «en el término medio está la virtud» también puede aplicarse al ejercicio y al entrenamiento. Si tienes alguna enfermedad, consulta siempre con tu médico antes de comenzar una actividad física intensa.

Usa el podómetro

También puede ser estimulante usar un podómetro para comprobar que llegas a la meta que te has marcado. Propone caminar unos 10 000 - 12 000 pasos durante un día entero, lo cual equivale a un paseo de 6 a 8 kilómetros. Estar por debajo de los 5 000 pasos diarios se considera «un estilo de vida sedentario».

El consumo de energía durante treinta minutos

Si utilizas la actividad física para controlar tu peso, puede ser interesante ver qué actividades consumen más o menos calorías. Las cifras de la tabla 1 son solo valores aproximados, dado que varían dependiendo del peso que uno tenga y de lo que cada uno entienda por actividad «moderada».

TABLA 1. ¿Cuántas calorías quemas en 30 minutos con estas actividades?

Trabajar en el jardín	150
Pasear	150
Patinar	250
Nadar	350
Esquiar	350
Footing	350

¿Puede la actividad física contrarrestar un estilo de vida sedentario?

El sedentarismo es un problema que va en aumento. La televisión, las redes sociales y las computadoras nos roban cada vez más tiempo, y algunas personas pasan sentadas el 90 por ciento del tiempo que están despiertas. Se ha demostrado que llevar una vida sedentaria es un factor de riesgo grave para padecer la mayoría de las principales enfermedades que afectan a la población.

El sedentarismo implica que no usamos nuestros principales grupos musculares, sobre todo la musculatura de los glúteos y de las piernas, lo cual deteriora la circulación sanguínea y ralentiza el metabolismo. Esto, a su vez, aumenta las concentraciones de glucosa en la sangre, lo que produce inflamación e incrementa el riesgo de sufrir enfermedades cardiovasculares, diabetes, cáncer y muerte prematura.

Por lo tanto, el sedentarismo reduce considerablemente los efectos saludables conseguidos con la práctica de ejercicio tres veces por semana.

En general, hasta aquí nos hemos concentrado en el ejercicio físico, pero a partir de ahora vamos a empezar a explicar también la importancia de evitar un estilo de vida sedentario.

Hallazgos científicos

Importantes estudios han puesto de manifiesto que pasar mucho tiempo sentado (sobre todo sin realizar ningún tipo de actividad) incrementa el riesgo de padecer diabetes, así como de contraer y fallecer por enfermedades cardiovasculares y cáncer. ¡Se ha demostrado que esto es independiente de que se realice un entrenamiento intensivo en el tiempo libre!

En un experimento se pidió a hombres jóvenes y sanos que durante dos semanas permanecieran tan sedentarios como les fuera posible. Tras este corto espacio de tiempo, se pudo observar una afectación de la concentración de glucosa en la sangre, un deterioro de la condición física y un aumento de los lípidos en la sangre. Y con ello aumentó también el riesgo de padecer diabetes y enfermedades cardiovasculares.

En los extremos de los cromosomas se encuentran los llamados «telómeros», que influyen en la manera en que envejecemos nosotros y nuestras células. Los estudios científicos han demostrado que el sedentarismo acorta los telómeros, lo cual implica una vida más corta en comparación con la de las personas más activas.

Evita el sedentarismo

Para evitar los problemas derivados del sedentarismo, trata de no permanecer sentado durante más de treinta a cuarenta y cinco minutos seguidos. Levántate y muévete, ve a buscar un café, habla con tu compañero de trabajo o haz otra cosa. En realidad, para contrarrestar los efectos negativos de estar sentado basta con que estires las piernas un par de minutos.

Por tu salud: ¡Ponte de pie!

Trabajar de pie es la última tendencia en salud laboral. Saber que reduce el riesgo de contraer una serie de enfermedades ligadas al estilo de vida hace que cada vez más gente elija trabajar de pie.

Hoy en día muchas personas tienen escritorios de altura regulable, de forma que pueden trabajar de pie si así lo desean. Alternar entre estar de pie y sentado hace que el cuerpo se sienta mejor. Estar de pie reduce la cantidad de lípidos perjudiciales en la sangre, baja la concentración de glucosa y reduce la inflamación. Eso crea mejores condiciones para tener unos vasos sanguíneos y un corazón más sanos. Si se cambia el peso de una pierna a la otra, también se estimula la circulación.

Si trabajamos de pie, activamos el cuerpo y aumentamos el ritmo de consumo de energía. Esto significa que si permanecemos de pie dos horas al día, podemos reducir el peso unos diez kilos al año.

CONSEJO

2

Saca tiempo para relajarte

Está científicamente demostrado que una vida menos estresante mejora la salud. Por eso, relájate y acepta que:

En la vida no se trata solo de sobrevivir, sino de vivir.

La respuesta al estrés ha sido crucial para nuestra supervivencia y, por lo tanto, es positiva en el fondo, ya que prepara al cuerpo para luchar o huir. Sin embargo, en la sociedad moderna casi nunca hay que luchar físicamente para sobrevivir. No obstante, la respuesta al estrés también se dispara por la tensión psíquica, por ejemplo, cuando uno se enfada, se enfrenta a problemas económicos, aguanta en un trabajo aburrido o tiene demasiadas cosas que hacer.

Así pues, no son solo las amenazas reales las que pueden provocar estrés. Se genera la misma sensación de estrés con solo imaginar una amenaza o una situación difícil que en realidad no existe y que tal vez no llegue a ocurrir jamás. Aun así, el cuerpo reacciona ante esa situación de estrés. Así que, por muy bien que te vayan las cosas, puedes fomentar tu propio estrés si piensas a menudo en los accidentes que pueden ocurrirte a ti o a tu familia, en posibles enfermedades o en situaciones trágicas similares. Las noticias en la televisión y en la prensa propician constantemente que se desarrollen nuevas situaciones de ansiedad y estrés.

En la actualidad sabemos que el estrés es igual de peligroso que el tabaco. Pero el estrés es una parte natural de la vida, y una persona es capaz soportar un considerable nivel del denominado estrés temporal. Sin embargo, en la sociedad actual, en la que mucha gente está conectada constantemente a través del correo electrónico, el celular y las redes sociales, hay un flujo enorme de información al que enfrentarse y, por lo tanto, muchas decisiones que tomar. Las exigencias en el entorno laboral son altas, el ritmo de vida es ajetreado y el estrés se perpetúa cada vez más. Si no te das tiempo para recuperarte del estrés, tu salud puede verse gravemente afectada.

Diferentes tipos de estrés

Las situaciones que causan estrés no tienen por qué ser siempre negativas. Puede tratarse, por ejemplo, de algo importante para ti, y en ese caso, el estrés que se genera y tu reacción pueden darte la energía adicional necesaria para hacer frente a la situación.

Cada persona percibe el estrés de una manera diferente, al igual que puede variar la reacción ante una misma situación. Lo que para una persona resulta estresante, para otra puede ser un reto o algo emocionante. Estas diferencias en la percepción hacen que algunas personas sufran un estrés más o menos crónico, mientras que otras no lo vean como un problema y, por ello, no se sientan estresadas en absoluto.

Aunque muchos creen que las exigencias de los demás son muy altas, a veces las exigencias propias pueden ser las más estresantes. Si te pones la vara muy alta y esperas que todo sea perfecto, entonces te estresas. Pero si te valoras a ti mismo según los resultados conseguidos, te resultará fácil motivarte para esforzarte al máximo, para sentir que eres lo suficientemente bueno. Es importante que te des cuenta de que tu valía no tiene nada que ver con tu rendimiento.

En algunas situaciones también puedes sentirte estresado por no tener suficientes cometidos o retos importantes en la vida. La soledad involuntaria, el desempleo o una vida carente de sentido y de objetivos pueden generar desesperación y estrés.

¿Qué sucede en el cuerpo?

El estrés afecta a todo el cuerpo, ya que requiere mucha energía, consume los nutrientes y agota las reservas del organismo. Se liberan hormonas del estrés, como la adrenalina y el cortisol, que provocan un incremento de la presión arterial y un aumento de las concentraciones de glucosa y lípidos en la sangre. Esto hace que aumente la inflamación y la cantidad de radicales libres en el cuerpo, daña el sistema inmunológico e incrementa el riesgo de que se desarrollen enfermedades cardiovasculares, diabetes, infecciones o cáncer. Se cree que los periodos cortos de estrés no causan ningún daño; los efectos nocivos se dan cuando el cuerpo se ve expuesto a un estrés continuo o recurrente durante semanas, meses o años.

Hallazgos científicos
Un estudio reciente ha demostrado que el riesgo de padecer cáncer de mama es de tres a cinco veces menor en las mujeres que no están estresadas.

En un estudio realizado en Suecia se puso de manifiesto que las personas de mediana edad que sufren estrés y desesperación corren un riesgo de dos a tres veces mayor de padecer demencia más adelante en su vida.

Algunas personas se estresan muy fácilmente. Se enfadan e impacientan en los embotellamientos, gritan a los conductores que las adelantan y se alteran ante la más mínima injusticia. Estas personas corren un riesgo mucho mayor de sufrir una enfermedad cardiovascular como un ictus o un infarto.

Encuentra estrategias contra el estrés

Practica ejercicio a diario
Una de las mejores maneras de liberarse del estrés es hacer ejercicio. En situaciones de estrés es fácil dejar a un lado el entrenamiento físico con el fin de ahorrar tiempo, pero es precisamente en esos periodos en los que resulta especialmente

provechoso ocuparse del cuerpo y moverse todo lo posible. El ejercicio es bueno porque, mientras que el estrés aumenta la concentración de hormonas del estrés, el ejercicio las descompone. En su lugar se genera una hormona relajante, la oxitocina, que procura una agradable sensación de calma.

Duerme para recargar energía
Hay que dormir para que el cuerpo y el cerebro puedan recuperarse y recargar energía. Si duermes poco porque «no tienes tiempo», perderás rápidamente energía y eficiencia. Te será más difícil resolver problemas y te costará más decir que no. También te será más difícil resistirte al estrés que haya a tu alrededor; es más, te arriesgas a que te absorba y pases a formar parte de él.

Respira profundo
Respirar con calma y de forma metódica es quizá la mejor herramienta a nuestra disposición para combatir el estrés. Al respirar de forma lenta y profunda, llevando el aire al estómago, se le da al cuerpo y a la mente la oportunidad de reunir y recuperar fuerzas. Cuando realizas respiraciones profundas, aumenta la circulación sanguínea y baja la frecuencia cardiaca, disminuye la ansiedad y se fortalece el sistema inmunológico, pero sobre todo se genera una sensación de bienestar y paz interior.

Aprende a perdonar
No puedes cambiar el pasado, así que empieza por intentar perdonarte a ti mismo y pensar en su lugar: ¿Qué he aprendido de esto? Luego vuelve a empezar de cero. También es importante saber aceptar las disculpas de los demás, perdonar un agravio y, a continuación, liberarte del problema.

Aprender a perdonarte a ti mismo y a los demás reduce la ansiedad y la tensión, y con ello, el estrés perjudicial.

Dedica tiempo a relajarte con frecuencia

La relajación a través de la meditación, el yoga y el entrenamiento mental puede ser muy efectiva para reducir la sensación de estrés. Ir de excursión al campo o pasear puede ser relajante para muchas personas. Se ha demostrado también que el masaje libera oxitocina, la hormona que reduce la sensación de estrés. El *mindfulness* o atención plena consiste en vivir de una forma consciente el presente y no dejar que los pensamientos vaguen adelante o atrás en el tiempo.

Permítete pasar un par de días sin hacer nada, «solo existir». Sal con tus amigos, ríete y pásatela bien. Dedica tiempo a tus mascotas. Lee libros, escucha música, toca algún instrumento o canta en un coro; todas esas actividades pueden romper la rutina del estrés y permitir que te relajes.

Toma el control

Las situaciones sobre las que tienes poco control y no sabes cómo manejar son muy estresantes. Conseguir controlar la situación es una parte esencial para combatir el estrés. No hay tiempo para todo, así que es mejor enfocarse en lo importante. Procura encontrar la manera de organizarte y reducir la cantidad de cosas que tienes entre manos.

Te sugiero hacer una lista de lo que te está estresando y de lo que tienes que hacer. Eso te dará una visión general y hará que sea más fácil concentrarte en lo más urgente. Luego ve tachando de la lista las cosas que hayas hecho. Al observar cómo se reduce el número de tareas de la lista y ser consciente de lo acometido, te sentirás satisfecho, y eso, a su vez, reducirá el estrés.

Toma el control de tu vida.

Pide tiempo libre

Estar siempre disponible, escribir comentarios en Facebook y contestar todos los correos electrónicos puede robarte el tiempo que no tienes. Prueba a desconectarte, decide tú mismo si quieres estar en contacto con el resto del mundo y cuándo lo quieres hacer. En su lugar, concéntrate y planifica lo que sabes que hay que hacer.

Baja la vara, piensa que «así ya está bien»

Si tu entorno exige demasiado de ti, es importante que abordes el problema con las personas implicadas. Quizá la persona en cuestión no se haya dado cuenta realmente de lo mal que te hacen sentir esas exigencias y esté dispuesta a mantener una conversación que pueda conducir a un cambio.

Si eres tú mismo quien ha puesto la vara demasiado alta, tienes que ser autocrítico y empezar a pensar de una manera diferente. Intenta darte cuenta de que te sentirías mucho mejor si rebajaras tus exigencias. Probablemente, quienes te rodean también se alegrarían de verte más contento y satisfecho. Hacer todo a la perfección tiene un precio demasiado alto.

Piensa que «así ya está bien»,
porque simplificarás tu vida, reducirás el estrés
y vivirás una vida más larga y feliz.

CONSEJO

3

Duerme bien

Para gozar de buena salud es importante dormir bien. Una noche completa de sueño reparador contribuye en gran medida al bienestar y al rendimiento del día siguiente. El sueño nos hace sentirnos descansados, y nos resulta más fácil concentrarnos y aprender cosas nuevas cuando hemos dormido bien. En la actualidad existen cada vez más datos sobre la importancia que tiene el sueño en nuestra salud a largo plazo, y se ha demostrado que es un factor clave en nuestro estilo de vida. Dormir lo suficiente puede reducir el riesgo de contraer diversas enfermedades.

¿Qué ocurre mientras dormimos?

El sueño es nuestra principal fuente de recuperación y permite que el cuerpo restablezca el equilibrio después de un día agotador. Con la actividad diaria consumimos energía, lo cual causa un «desgaste» en el cuerpo. Durante el sueño, el cuerpo se regenera y repara los daños causados, pero todo ello depende en gran medida de que durmamos lo suficiente.

La frecuencia cardiaca, la presión arterial, la frecuencia respiratoria y la temperatura corporal disminuyen. Se alivia el estrés, lo cual reduce a su vez la cantidad de radicales libres, haciendo así que disminuya la inflamación en el cuerpo. Al mismo tiempo se refuerza el sistema inmunológico. Así el cuerpo se prepara para un nuevo día de actividad.

Hallazgos científicos
El sueño ayuda a reforzar el sistema inmunológico, lo cual reduce el riesgo de padecer enfermedades cardiovasculares, dia-

betes, depresión y síndrome de fatiga crónica, entre otras patologías. Dormir bien alarga la vida.

¿Cuánto hay que dormir?

Durante mucho tiempo se consideró que dormir alrededor de ocho horas era lo ideal. Sin embargo, hace algo más de diez años, un gran estudio estadounidense demostró que:

Lo óptimo es dormir una media de siete horas.

Lo sorprendente era que tanto dormir demasiado como dormir poco conllevaba riesgos para la salud. El riesgo de muerte prematura era igual de grande para quienes dormían ocho horas o más que para quienes dormían seis horas o menos por noche.

Un estudio sueco en 70 000 mujeres demostró que tanto las que dormían poco como las que dormían mucho presentaban un riesgo importante de muerte prematura, sobre todo si no realizaban ninguna actividad física. Sin embargo, las mujeres físicamente activas que dormían mucho no tenían una tasa de mortalidad más alta que las que dormían siete horas por noche. Es decir, la actividad física contrarrestaba los efectos negativos de dormir demasiado.

La edad es un factor que hay que tener en cuenta para saber cuántas horas de sueño se requieren. La necesidad de horas de sueño disminuye a lo largo de la vida, si bien es mayor en niños y jóvenes. Un veinteañero puede necesitar algo más de ocho horas de sueño, pero después va requiriendo cada vez menos horas, hasta que, llegados los sesenta, le basta con unas seis horas de sueño.

Échate la siesta

En un estudio con 24 000 participantes se demostró que el riesgo de morir a causa de enfermedades cardiovasculares graves era casi un 40 por ciento menor en las personas que se echaban la siesta de manera regular. Sin embargo, es preferible que la siesta sea a mediodía (unos veinte minutos parece la duración ideal) para que no resulte difícil conciliar el sueño por la noche.

Consejos para dormir bien

Ten buenos hábitos de sueño

Crea una rutina de sueño definida. Procura despertarte e irte a la cama a la misma hora todos los días. De esa manera apoyarás a tu reloj biológico y fortalecerás tu cuerpo.

Aprovecha la luz diurna

Sal a dar un paseo preferiblemente por la mañana y antes del mediodía. Así se reducirá la producción de la hormona del sueño, la melatonina, y el cuerpo se adaptará para estar activo durante el día. Esto fortalecerá tu reloj biológico y hará que, más tarde, la oscuridad de la noche produzca nuevas hormonas del sueño.

Practica ejercicio físico

El ejercicio físico libera endorfinas, las cuales reducen el estrés y facilitan conciliar el sueño por la noche, además de mejorar su calidad. Sin embargo, evita hacer ejercicio justo antes de acostarte.

Relájate

Comienza mucho antes de irte a la cama por la noche. Deja computadoras y celulares a un lado. Trata de evitar aquello que pueda estresarte. Apunta las cosas que tengas que recordar al día siguiente; así será más fácil dejar de pensar en todo lo que hay que hacer. Está bien realizar actividades tranquilas, como leer un libro que no sea demasiado emocionante. Entrena tu capacidad de relajarte antes de acostarte. Convierte la cama en una zona libre de trabajo.

Crea un buen ambiente para dormir

Ventila la habitación, procura que la cama sea cómoda y que la habitación esté silenciosa, fresca y oscura. La oscuridad manda señales al cerebro de que es de noche y estimula la secreción de la hormona del sueño: la melatonina.

Ten cuidado con la cafeína y el alcohol

La cafeína y el alcohol pueden dificultar el sueño. La cafeína tiene una vida media en el organismo de entre seis y ocho horas, lo cual significa que si te bebes dos tazas de café por la tarde, por la noche todavía tendrás en el cuerpo los efectos de la cafeína equivalentes a una taza de café. Esto puede bastar para que sea más difícil conciliar el sueño.

En cuanto al alcohol, este puede hacer que uno se quede dormido con más facilidad, pero luego se convierte en un auténtico saboteador del sueño. Mientras se procesa, el alcohol genera ansiedad en el organismo, lo que hace que uno se despierte cada dos por tres, y empeora la calidad del sueño.

Estate alerta a los ronquidos

Alrededor del 10 por ciento de las personas que roncan habitualmente padecen también trastornos respiratorios mientras duermen, como la apnea del sueño, en la que se colapsa la faringe. El paro respiratorio puede durar desde unos pocos segundos hasta un minuto.

Los ronquidos, y sobre todo la apnea del sueño, hacen que se duerma mal, con lo cual empeora la calidad de vida. Los que los padecen se sienten inusualmente cansados durante el día y pueden sufrir trastornos de la memoria y de la concentración.

La apnea del sueño puede ir asociada a varias enfermedades graves. La reducción de la concentración de oxígeno en la sangre obliga al corazón a esforzarse más, lo cual hace que se multipliquen las hormonas del estrés y suba la presión arterial. Sin tratamiento, los perjuicios serán cada vez mayores. A largo plazo puede provocar una serie de complicaciones médicas graves, como enfermedades cardiovasculares, ictus, hipertensión, diabetes y asma. Además, quien padece apnea del sueño corre un riesgo entre seis o siete veces mayor de sufrir un accidente de tráfico a causa del cansancio.

Buenos consejos

- Procura dormir boca abajo o de lado.
- Prueba remedios que te ayuden a dilatar las vías respiratorias (tiritas para dejar de roncar o dilatadores nasales).
- En caso de resfriado, prueba con un spray nasal.
- Evita el alcohol, el tabaco y las pastillas para dormir.
- Si tienes sobrepeso, procura adelgazar.

CONSEJO

4

Toma el sol, pero con moderación

El sol y la vitamina D

Al estar al sol en el exterior, nos exponemos a la radiación ultravioleta, que está compuesta por rayos UVA y UVB. Los rayos UVB son los que producen la vitamina D en el organismo cuando las células de la piel se exponen directamente a la luz solar.

El sol es la principal fuente de vitamina D, aunque también podemos obtenerla en menores cantidades a partir de algunos alimentos como el pescado azul (salmón, arenque, caballa o anguila), los huevos y la leche enriquecida con vitamina D. Resulta curioso que una breve exposición al sol en verano aporte la misma cantidad de vitamina D que ¡cincuenta vasos de leche!

En los largos meses de invierno de países como Suecia no se obtiene prácticamente nada de vitamina D de los rayos solares, por lo que la clave está en la dieta. Existe el riesgo de sufrir un déficit de vitamina D, y se ha observado que muchas enfermedades, como el cáncer y la esclerosis múltiple, son más frecuentes en países con poco sol.

¿Para qué sirve la vitamina D?

La vitamina D podría describirse como una molécula milagrosa que el cuerpo necesita para desempeñar muchas de sus funciones. Es buena para el sistema nervioso, así como para la formación ósea, ya que previene la osteoporosis. Además, regula el equilibrio hormonal y mejora la absorción de minerales y otros nutrientes importantes desde el intestino. La vitamina D activa y refuerza el sistema inmunológico y contribuye a inhibir la inflamación, lo cual nos protege de una larga lista de enfermedades como estas:

- Distintos tipos de cáncer
- Esclerosis múltiple
- Diabetes
- Artritis reumatoide
- Depresión
- Psoriasis
- Osteoporosis
- Infecciones
- Demencia
- Trombosis en las piernas

Hallazgos científicos

En un estudio realizado en el sur de Suecia se hizo un seguimiento a 29 000 mujeres durante veinte años y después se compararon sus hábitos a la hora de tomar el sol, la incidencia de diferentes enfermedades y la mortalidad. Resultó que las mujeres que habían evitado el sol se veían afectadas en mayor medida por la diabetes y la trombosis, lo cual dio lugar, al cabo de veinte años, a una tasa de mortalidad el doble de alta en comparación con aquellas que sí habían tomado el sol. Se consideró que evitar la exposición al sol era un factor de riesgo tan importante como el tabaquismo, el sedentarismo y el sobrepeso a la hora de padecer enfermedades cardiovasculares y muerte prematura.

En otro estudio, un grupo de científicos (algunos de ellos del Instituto Karolinska) analizaron datos de más de cuatro millones de pacientes de trece países. Los países se dividieron en dos grupos: países con mucho sol (por ejemplo, España, Australia y Singapur) y países con poco sol (como Suecia y otros países nórdicos, y Canadá). La conclusión fue que los habitantes de países con mucho sol corren un riesgo considerablemente menor de contraer varios tipos de cáncer, como el de estómago, colon, riñón, vejiga, próstata, mama y pulmón. La reducción media del riesgo era de algo más del 50 por ciento. Se cree que la causa más probable de este sorprendente resultado es que el sol estimula directamente la producción de vitamina D en el cuerpo.

Obtener vitamina D a través del sol

Es muy tentador conseguir un buen bronceado, y para muchos, el objetivo del verano es ponerse morenos. Sin embargo, no se requiere mucha radiación ultravioleta para obtener suficiente vitamina D.

Durante el invierno, basta con que nos dé el sol en la cara y en los brazos un rato a mediodía para cubrir la necesidad diaria de vitamina D. En verano se requiere pasar aún menos tiempo al sol. Es decir, no tenemos que achicharrarnos para que el cuerpo consiga la cantidad suficiente de vitamina D. Lo único que conseguimos tomando el sol mucho tiempo es que aumente el riesgo de que se formen arrugas y, en el peor de los casos, de contraer cáncer de piel. Más tiempo al sol no aporta más vitamina D, ya que la piel deja de fabricarla cuando tiene su necesidad cubierta.

Obtener vitamina D a partir de suplementos dietéticos

Dado que la atmósfera filtra y no deja pasar los rayos UVB cuando el sol está bajo en el horizonte, los que vivimos en latitudes nórdicas solo podemos producir una cantidad significativa de vitamina D durante la mitad del año que va desde abril o mayo hasta agosto o septiembre. Esto significa que no podemos producir vitamina D de forma natural con la ayuda del sol durante el invierno.

El déficit de vitamina D puede acortar la vida, y al mismo tiempo se trata de una de las pocas vitaminas que corremos el riesgo de no tener en cantidad suficiente. Por eso, es recomendable para la salud tomar un suplemento extra de vitamina D durante los meses de invierno si habitamos en los países nórdicos. Si nos atenemos a la dosis recomendada, no hay ningún riesgo, pero tomar dosis altas durante un tiempo prolongado puede provocar síntomas de intoxicación.

El Instituto Sueco para la Alimentación recomienda una ingesta diaria de 10 microgramos/400 unidades internacionales (UI) en niños y adultos. En las personas mayores de 75 años recomienda doblar la dosis, 20 microgramos/800 UI al día. La vitamina D que se ha producido tomando el sol en verano puede almacenarse durante algunas semanas hasta entrado el otoño, pero se va agotando gradualmente. Por eso es conveniente comenzar a tomar suplementos de vitamina D a partir del equinoccio de otoño y dejar de tomarlos en el equinoccio de primavera.

Consejos para tomar el sol

Toma el sol a diario durante los meses de verano. Si vives en mis latitudes, el sol es un bien escaso, así que acumula reservas de vitamina D. No tienes que estar tumbado sin ropa en una playa para tomar el sol. El sol proporciona por igual la beneficiosa vitamina D a quien trabaja en el jardín, a quien da un paseo o a quien está tumbado en una hamaca vestido con una camiseta y un pantalón corto.

Para asegurarte de obtener esa importante dosis diaria de vitamina D, debes tomar el sol entre quince y veinte minutos sin protección solar. La protección solar no deja pasar los rayos UVB, lo cual impide que se produzca dicha vitamina. Toma el sol a mediodía, porque proporciona más vitamina D cuando está en su punto más alto. Si trabajas dentro de un edificio todo el día, aprovecha para salir a la hora del almuerzo; puedes dar un paseo o tomarte un café al sol.

Si piensas pasar más de veinte minutos al sol, debes usar protección solar; recuerda: no te quemes. Evita ducharte y usar jabón justo después de haber tomado el sol, porque la vitamina D, que es soluble en grasa, desaparecerá con el lavado. El cuerpo tarda unas horas en absorberla desde la piel.

Utiliza lentes de sol para proteger los ojos de la radiación ultravioleta y reducir así el riesgo de cataratas.

Si tienes la posibilidad, una buena forma de reforzar las reservas de vitamina D durante el invierno es ir de vacaciones a la playa.

Tomar el sol tiene más ventajas que inconvenientes

Tomar el sol refuerza la salud y mantiene muchas enfermedades a raya. El profesor Edward Giovannucci, de Harvard, constató en el año 2005 que:

Por cada persona que muere de cáncer de la piel, mueren treinta por déficit de vitamina D.

Sin embargo, esto solo es así si tomas el sol de manera prudente y no te quemas. El riesgo de desarrollar más tarde un melanoma maligno es mayor si nos hemos quemado al sol de pequeños. Quienes presentan un riesgo elevado de padecer melanoma maligno deben tener mucho cuidado a la hora de exponerse a los rayos solares. Los factores de riesgo son los siguientes: ser rubio o pelirrojo, tener pecas y tener muchos lunares o contar con antecedentes de cáncer de piel en la familia. Si perteneces a ese grupo de pacientes de riesgo, debes protegerte del sol, preferiblemente con ropa en lugar de bloqueadores solares. En lo que se refiere a los niños, siempre hay que tener cuidado con la exposición al sol.

CONSEJO

5

Come bien
para estar sano

Durante los últimos quince años se han publicado cientos de miles de estudios sobre nutrición. Aun así, sigue habiendo mucha incertidumbre, y los consejos varían constantemente. Una de las razones es que resulta difícil poner en marcha estudios sobre alimentación e interpretarlos.

Entre toda esta montaña de información hay algunos datos en los que los científicos están de acuerdo. Por ejemplo, es evidente que ciertos alimentos se asocian claramente con la salud o, por el contrario, con la enfermedad. «Eres lo que comes» es una expresión que resulta cada vez más cierta. Si comes bien, obtendrás como premio una vida más larga y sana.

La comida puede fomentar o prevenir la inflamación

En la introducción del libro se describe cómo la insidiosa inflamación puede dañar el organismo y provocar, entre otras enfermedades, infecciones, cáncer, enfermedades cardiovasculares, diabetes y demencia. Estudios científicos recientes han demostrado que ciertos tipos de alimentos provocan un aumento de la cantidad de radicales libres, lo cual desencadena una inflamación severa en el cuerpo.

También hay alimentos que refuerzan
nuestro importante sistema inmunológico,
previenen la inflamación e incluso la curan.

Son los siguientes:
1. Los antioxidantes.
2. Los ácidos grasos omega-3 y omega-6 en proporciones adecuadas.
3. Los alimentos con bajo índice glucémico.
4. La fibra y los probióticos.

1. Los antioxidantes

Los alimentos contienen los denominados «antioxidantes». Hay varias sustancias que cumplen esa función, entre ellas la vitamina A, las vitaminas B_2 y B_5, la vitamina C, la vitamina E, la riboflavina o vitamina G y el selenio. También el cobre, el manganeso y el zinc desempeñan un papel importante porque forman parte de diferentes compuestos con efecto antioxidante. Los distintos tipos de antioxidantes actúan en equipo y, por eso, debemos tomarlos en todas sus variedades para que puedan ejercer un efecto completo.

> El cuerpo puede producir antioxidantes por sí mismo, pero su producción se va frenando a partir de los veinticinco años. Por eso hay que obtener antioxidantes a partir de la comida y la bebida.

Los antioxidantes se encargan de los radicales libres

Los radicales libres atacan y dañan las células del organismo, anulan sus funciones y contribuyen a acelerar el envejecimiento y la aparición de varios tipos de enfermedades. Los antioxidantes funcionan como guardias de seguridad que buscan los radicales libres formados en el cuerpo y los neutralizan. Mientras haya suficientes guardias de seguridad, el número de radicales libres en el cuerpo se mantendrá bajo.

Los antioxidantes también protegen contra genes peligrosos

Otro descubrimiento sorprendente es que los antioxidantes también pueden determinar si un gen concreto que portamos dará lugar a una enfermedad o no. Hoy sabemos que ciertos genes se relacionan con determinadas enfermedades, como la diabetes, la enfermedad de Parkinson, la enfermedad de Alzheimer y varios tipos de cáncer. Pero poca gente sabe que el gen no tiene por qué causar problemas si no se activa. Los radicales libres son precisamente un potente factor de activación de dichos genes. Esto significa que si se evita la agresión de los radicales libres con la ayuda de esos antioxidantes protectores, el gen puede permanecer pasivo e inofensivo.

¿Qué alimentos contienen antioxidantes?

Hay una gran cantidad de antioxidantes en las frutas y las bayas. Elige las que te gusten y varía la selección según la temporada. Opta por frutas y bayas de diferentes colores, siguiendo el método del arcoíris; así tomarás grandes cantidades de antioxidantes de diferentes tipos (véase la tabla 2).

TABLA 2. Lista de las frutas y las bayas que contienen más antioxidantes.

Albaricoques	Arándanos azules (mirtilos)	Arándanos rojos	Aronias
Bayas de Goji	Bayas de espino amarillo	Cerezas	Ciruelas
Ciruelas pasas	Dátiles	Frambuesas	Fresas (orgánicas)
Granadas	Grosellas blancas	Grosellas negras	Kiwis
Limones	Manzanas (orgánicas)	Duraznos (orgánicos)	Moras
Moras de los pantanos	Naranjas	Nectarinas (orgánicas)	Pasas
Peras	Plátanos	Toronjas	Uvas rojas (orgánicas)

Ten cuidado con una docena de frutas y verduras, la llamada «docena sucia», que contienen tantos pesticidas que solo deben consumirse si son orgánicas. Están marcadas con una etiqueta en las tablas 2 y 3. (Las papas también están incluidas en la lista de la docena sucia, pero no son aptas para entrar en la lista de los mejores alimentos con antioxidantes que figura a continuación). Si no hay una alternativa orgánica, compra otra fruta o verdura que no lleve sustancias tóxicas. A veces las venden congeladas, lo cual es también una buena opción. Los frutos secos son otra manera eficaz de ingerir una gran cantidad de antioxidantes.

En cuanto a las verduras, tómalas de diversos colores y en cada comida. Elige entre las verduras de la tabla 3, que contienen gran cantidad de antioxidantes.

TABLA 3. Lista de las verduras que contienen más antioxidantes.

Aguacates	Ajo, cebolla	Alubias	Apio (orgánico)
Berenjenas	Camote	Brócoli	Calabaza
Col rizada	Coles de Bruselas	Coliflor	Espinacas (orgánicas)
Guisantes secos	Chícharos (orgánicos)	Lechuga	Lechuga romana
Melón	Pepino (orgánico)	Pimiento rojo (orgánico)	Betabel
Col	Ruibarbo	Jitomate (orgánico)	Zanahoria

¿Cuánta fruta y verdura hay que comer?

Ponte como objetivo comer fruta y verdura en cada comida. Lo adecuado sería ingerir al día entre 500 y 700 gramos (por ejemplo, tres o cuatro frutas, y dos o tres raciones de verdura). A veces puede resultarte útil una báscula para asegurarte del peso.

Esto puede ser un desafío para la mayoría de la gente, pero atrévete a probar nuevas bayas, frutas y verduras, ya sean frescas o congeladas; hay muchas opciones en las tiendas.

Evita calentar la fruta y la verdura

La mayoría de los antioxidantes se destruyen a temperaturas de entre 30 y 100 ºC. Calentar la verdura en el microondas, por ejemplo, elimina prácticamente todos los antioxidantes. Si es posible, opta por saltearlas a fuego lento en un wok o cocerlas al vapor. El jitomate es una excepción, dado que necesita un poco de calor para liberar sus antioxidantes (licopenos). Por eso es mejor la salsa o el puré de tomate, o bien el jitomate en conserva.

Muchas especias contienen una gran cantidad de antioxidantes (véase la tabla 4).

TABLA 4. Lista de las especias que contienen más antioxidantes.

Albahaca	Canela	Cardamomo	Clavo de olor
Comino	Cúrcuma	Curry	Eneldo
Guindilla	Jengibre	Menta	Orégano
Perejil	Pimienta negra	Pimienta roja	Romero
Salvia	Semillas de mostaza	Tomillo	

Es interesante observar que de todas las especias de la lista, la cúrcuma es la que tiene el efecto antiinflamatorio más potente. El curry contiene un 20 por ciento de cúrcuma. En India, por ejemplo, donde comen cúrcuma a diario, se ha constatado que el número de casos de cáncer es entre 5 y 50 veces menor (dependiendo del tipo de cáncer) que en la población occidental de la misma edad. ¡No es de extrañar que a la cúrcuma se le considere el «oro de Asia»! Sin embargo, cabe tener en cuenta que el intestino no puede absorber la cúrcuma si no está mezclada con pimienta o jengibre. Se debe evitar la cúrcuma durante el embarazo y la lactancia, y en caso de sobredosis pueden producirse una serie de efectos secundarios.

> **Súper coctel de cúrcuma (receta del profesor Stig Bengmark)**
>
> 1 cucharada de cúrcuma
>
> 1 cucharadita de canela y ¼ cucharadita de pimienta roja o negra
>
> Mezcla las especias con 1 cucharada de jugo de limón, una de vinagre de manzana y una de aceite de oliva o de coco.
>
> Mézclalo en un vaso y añade 1-2 vasos de jugo de grosella negra (o leche de avena, agua... experimenta). Tómalo una vez al día. También puedes probar, por ejemplo, a sustituir el líquido por avena con compota de manzana o las bayas que te gusten para mejorar el sabor.

Los frutos secos también son un alimento saludable, ya que contienen diversas sustancias antiinflamatorias y facilitan la absorción de los antioxidantes. Cómete un puñado de frutos secos al día. En la tabla 5 se incluyen las almendras, aunque no sean estrictamente un fruto seco desde el punto de vista botánico.

TABLA 5. Lista de los frutos secos que contienen más antioxidantes.

Almendras	Anacardos	Avellanas	Nueces	Pecanas

Ten cuidado con las nueces que tengas desde hace tiempo, fíjate en su fecha de caducidad, ya que las nueces viejas pueden contener una cantidad elevada de grasas trans, que son perjudiciales para los vasos sanguíneos. Hay que conservarlas en el refrigerador, ya que son sensibles a la luz solar y al calor. Las nueces descoloridas o enmohecidas pueden contener sustancias cancerígenas como las aflatoxinas. ¡Tira toda la bolsa a la basura!

Las semillas de lino son muy nutritivas, contienen muchos antioxidantes y pueden mezclarse con los cereales del desayuno. Sin embargo, estas semillas, al igual que otros alimentos ricos en fibra, pueden causar ciertas molestias digestivas en personas con un intestino delicado. No tomes más de dos cucharadas de linaza al día, porque puede contener cierta cantidad de compuestos tóxicos de cianuro.

Modera la cantidad de semillas de calabaza, semillas de girasol y piñones que comes, porque contienen omega-6.

CHOCOLATE: El chocolate también contiene antioxidantes. Se recomienda el chocolate negro con al menos un 70 por ciento de cacao.

Hallazgos científicos
En dos estudios publicados recientemente se observó que había una relación entre un mayor consumo de chocolate y un menor riesgo de padecer enfermedades cardiovasculares e ictus. Lo sorprendente fue que el resultado se basaba en el consumo de todo tipo de chocolate. Pero, de momento, sigue siendo preferible el chocolate con un 70 por ciento de cacao.

2. Los ácidos grasos omega-3 y omega-6 en proporciones adecuadas

Omega-3
El omega-3 es un ácido graso poliinsaturado saludable que el ser humano no puede producir por sí mismo. Por eso hay que ingerirlo a través de los alimentos. El omega-3, presente sobre todo en el pescado y el marisco, aumenta la cantidad de una sustancia de tipo hormonal, los eicosanoides, que a su vez ejercen un potente efecto antiinflamatorio (véase la tabla 6).

TABLA 6. Lista de los pescados y mariscos más ricos en omega-3.

Anchoa	Arenque del Atlántico	Arenque del Báltico	Atún
Caballa	Camarón	Centollo	Langosta
Mejillones	Salmón	Sardina	Trucha

Las personas que comen pescado varias veces a la semana tienen un riesgo mucho menor de desarrollar algunos tipos de cáncer. Ten en cuenta que el pescado congelado pierde con el tiempo una parte de su contenido de omega-3.

El Instituto Sueco para la Alimentación recomienda comer pescado o marisco dos o tres veces por semana. No obstante, aconseja no ingerir pescado capturado en ciertos mares, como el mar Báltico, porque a menudo contienen niveles elevados de contaminantes tóxicos, como mercurio, PCB o dioxinas. Todavía suscita controversia si debe recomendarse el salmón de piscifactoría o no. Los ácidos grasos omega-3 se encuentran también en aceites, semillas, frutos secos y verduras (véase la tabla 7).

TABLA 7. Lista de los aceites, las semillas, los frutos secos y las verduras más ricos en omega-3.

Aceite de coco	Aceite de colza	Aceite de hígado de bacalao	Aceite de linaza
Aceite de oliva	Aceitunas	Aguacate	Col rizada
Espinacas	Nueces	Semillas de chía	Semillas de lino

La carne y los productos lácteos contienen una buena cantidad de omega-3, pero para ello es necesario que los animales hayan podido pastar al aire libre. Los huevos son también una buena fuente de omega-3, pero deben provenir de gallinas camperas, criadas en libertad.

Hallazgos científicos
Un gran estudio sueco demostró que las grasas insaturadas de los aceites de oliva y de canola reducen el riesgo de cáncer de mama en casi un 50 por ciento. Bastaba con sustituir una cucharada de grasa (margarina) por aceite de oliva o de colza.

Omega-6
El omega-6 (ácido linoleico) es también un ácido graso poliinsaturado saludable si se toma en cantidades adecuadas. El ser humano no lo puede producir por sí mismo, sino que lo tiene que obtener de los alimentos. En la Prehistoria, la gente comía más o menos la misma cantidad de omega-3 que de omega-6, lo cual tenía un efecto positivo en la salud. Sin embargo, los hábitos alimentarios han cambiado notablemente a lo largo de la historia, y en la actualidad, nuestra dieta puede contener hasta veinte veces más omega-6 que omega-3; en este caso, los ácidos grasos omega-6 pueden tener un efecto inflamatorio.

Actualmente, los científicos creen que este desequilibrio en la ingesta de ácidos grasos es uno de los principales causantes del aumento de la inflamación y del deterioro del sistema inmunológico.

Ten en cuenta que la etiqueta «orgánico» significa que el producto no contiene pesticidas, hormonas ni antibióticos; aun así, puede ser rico en omega-6 y tener poco omega-3. Por lo tanto, debes buscar etiquetas que digan: «alimentado con pasto» o «rico en omega-3».

¿Qué alimentos hay que evitar comer? A continuación te doy algunas sugerencias (véase la tabla 8).

TABLA 8. Lista de los alimentos que debes reducir en tu dieta porque son ricos en Omega-6.

Cebolla crujiente, papas fritas, chips de papa
Galletas, pastas, golosinas, pan blanco
Mayonesa, aliños envasados
Aceite de maíz, aceite de girasol, aceite de soya, aceite de palma
Grasas hidrogenadas (grasas trans), margarina
Semillas de girasol, de sésamo, de calabaza, piñones
Carne de animales no alimentados con pasto
Huevos de gallinas que no sean camperas

3. Los alimentos con bajo índice glucémico

El cuerpo necesita carbohidratos para obtener energía, que pueden ser de absorción rápida o lenta. El índice glucémico (IG) indica la velocidad con la que se elevan las concentraciones de glucosa en la sangre después de una comida (véase la figura 3).

Si se ingieren alimentos con bajo índice glucémico, es decir, carbohidratos de absorción lenta (véase la tabla 9), suben de forma leve o moderada la glucosa y la insulina en la sangre, y por ende, el grado de inflamación se mantiene bajo en el organismo.

Los alimentos y las bebidas que se metabolizan rápidamente, es decir, los carbohidratos simples o de absorción rápida (véase la tabla 10), tienen un IG alto. Eso significa que se elevan rápidamente las concentraciones sanguíneas de glucosa, al igual que las de insulina, lo cual aumenta el grado de inflamación. Por eso, los alimentos con un IG alto aumentan el riesgo de contraer cáncer, contribuyen a la aparición de arterioesclerosis y de enfermedades cardiovasculares, y se asocian con el desarrollo de diabetes y demencia.

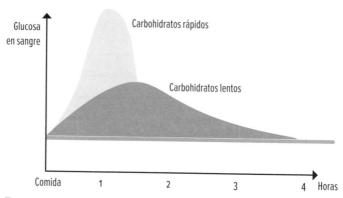

FIGURA 3. Los carbohidratos de absorción rápida (IG alto) producen un pico de glucosa en sangre. Con los de absorción lenta (IG bajo), la glucosa se eleva de forma leve o moderada.

TABLA 9. Alimentos y bebidas con carbohidratos de absorción lenta.

LISTA DE LOS MEJORES ALIMENTOS CON UN IG BAJO
Albaricoque (fresco o seco)
Arroz integral

Avena
Bayas (por ejemplo, moras, arándanos rojos y azules, frambuesas, cerezas y grosellas)
Cacahuates
Cebollas
Cereales (por ejemplo, integrales, copos de salvado o de avena y muesli natural)
Cerezas
Chícharos
Chocolate, negro, 70% de cacao
Fresas
Frutos secos: almendras, nueces
Legumbres (por ejemplo, habas, frijoles pintos, alubias, soya, ejotes y lentejas)
Limón
Manzanas
Melocotón, ciruela, pera
Naranja
Pan (por ejemplo, multicereales y de masa madre)
Pasta integral
Plátano (verde)
Toronja
Uvas
Yogur natural

No te obsesiones con el valor del IG de cada alimento. Por un lado, los datos de un alimento concreto varían según su presentación, y por el otro, lo que cuenta es el IG de cada plato en su totalidad.

TABLA 10. Alimentos y bebidas con carbohidratos de absorción rápida.

LISTA DE LOS PEORES ALIMENTOS CON IG ALTO
Anillos de cacahuate
Arroz instantáneo
Azúcar, azúcar morena y jarabe
Bebidas energéticas y bebidas isotónicas
Bebidas gaseosas
Biscotes
Bollos y pastas
Cereales (por ejemplo, arroz inflado, hojuelas de maíz tostadas, hojuelas de avena y trigo inflado con miel)
Cerveza y vino dulce
Cuscús
Galletas y obleas
Golosinas
Helados de agua
Jugo azucarado
Mermelada y confitura
Miel
Pan (por ejemplo, *baguette*, bizcochos, cruasán, pan blanco, pan crujiente, pan de hamburguesas, pan de molde, pan de molde con fibra, pan de pita, pan francés, pan integral, pan sin gluten, tostadas y *tunnbröd* o pan polar)
Papas asadas, papas fritas y puré de papas
Pastel de arroz inflado
Plátano (amarillo)
Pretzels
Regaliz negro
Sorbetes
Waffles

4. La fibra y los probióticos

Fibra

La fibra alimentaria está compuesta por carbohidratos que no pueden descomponerse en el intestino delgado y llegan al intestino grueso casi intactos. Algunas fibras estimulan el movimiento intestinal y facilitan la digestión. Otros tipos de fibra contribuyen a que el nivel de glucosa sea más estable y, así, reducen a su vez las concentraciones de lípidos en la sangre.

Tenemos una increíble cantidad de bacterias beneficiosas en el intestino, las cuales absorben los nutrientes importantes de los alimentos que ingerimos y se los suministran al organismo para que este se sienta bien. Si seguimos una dieta que ayude a esas bacterias e incluya mucha fibra (véase la tabla 11), nuestras queridas bacterias podrán colaborar también de manera óptima en el mantenimiento de nuestro sistema inmunológico.

La mayoría de los occidentales no comemos ni la mitad de la cantidad de fibra recomendada (por ejemplo, tres rebanadas de pan integral al día), lo cual significa que corremos el riesgo de contraer alguna enfermedad. Sin embargo, si aumentamos

TABLA 11. Lista de los mejores alimentos ricos en fibra.

PRODUCTOS INTEGRALES			
Arroz integral	Avena	Bulgur	Cereales integrales
Germen de trigo	Hojuelas de avena con fibra	Mijo	Muesli natural
Pan integral	Pasta integral	Quinoa	
FRUTAS, VERDURAS Y SEMILLAS			
Ajo	Alcachofas	Alubias	Chícharos
Cebolla roja	Coles	Espárragos	Lentejas
Plátano (verde)	Puerro	Semillas de lino	Zanahoria

la cantidad de fibra que ingerimos, tenemos la posibilidad de fortalecer nuestra salud.

Hallazgos científicos
En un estudio realizado en Estados Unidos en el que se siguió a 75 000 mujeres durante un periodo de diez años, se demostró que el consumo de cereales integrales ricos en fibra reducía el riesgo de contraer enfermedades cardiovasculares.

Un mayor consumo de fibra alimentaria puede reducir también el riesgo de diabetes, cáncer de colon y cáncer de mama, y aumentar nuestra esperanza de vida.

Muchos de los productos ricos en fibra pueden consumirse en grandes cantidades, mientras que otros hay que ingerirlos con moderación. El problema es que pueden producir gases, hinchazón abdominal y dolor. Esto varía mucho de un individuo a otro, así que es cuestión de ir probando.

Los probióticos
El aporte diario de probióticos, que son bacterias beneficiosas (lactobacterias, acidófilos y bifidobacterias), es bueno para la flora intestinal. Las bacterias nocivas pueden liberar toxinas, endotoxinas, que al entrar en el cuerpo, pueden causar inflamación. La fibra y los probióticos protegen al cuerpo de ello, y de esa manera impiden el desarrollo de enfermedades crónicas y prolongan nuestra vida.

Los probióticos se encuentran en alimentos fermentados como el chucrut (o col fermentada), la cuajada y el yogur, así como en alimentos como la cebolla o el jitomate.

Otros consejos alimentarios

La carne es una fuente importante de proteína, pero elige bien
La carne es rica en proteínas y nutrientes, además de contener una gran cantidad de hierro. Sin embargo, los estudios científicos han demostrado que la carne roja (por ejemplo, la carne de

res, cerdo o cordero) aumenta el riesgo de cáncer colon. Los embutidos son aún más peligrosos en este aspecto. No se sabe por qué la carne roja y los embutidos aumentan el riesgo de contraer estos tipos de cáncer; puede tratarse de una combinación de varios factores, y algunos de los que se debaten ahora son las grasas, los nitritos, las nitrosaminas, la sal, los virus y el tipo de hierro presentes en la carne.

Buenas opciones

- Pollo, pavo u otras aves
- Carne de caza silvestre
- Carne de vacuno alimentada con pastos

Limita el consumo

Lo que se aconseja actualmente es limitar el consumo de carne roja a tres raciones de tamaño normal a la semana. También debe controlarse el consumo de embutidos; con este término me refiero a la carne que haya sido tratada con nitritos, ahumada o conservada de otra manera. Algunos ejemplos son las salchichas, el tocino, el salami, el jamón ahumado, el paté de hígado de cerdo y la moronga.

El Instituto Sueco para la Alimentación recomienda no comer más de 500 gramos de carne roja o embutidos a la semana. De dicha cantidad, solo una pequeña parte debe constar de embutidos.

Evita las grasas trans de producción industrial

Los científicos coinciden en que las grasas hidrogenadas o parcialmente hidrogenadas, las llamadas «grasas trans», que se producen de forma industrial, son perjudiciales. Afectan negativamente a los lípidos sanguíneos y constituyen uno de los principales factores de riesgo para padecer enfermedad cardiovascular y cáncer.

Las grasas trans tienen una ventaja muy práctica: no se vuelven rancias. Por eso se usan en muchos de los alimentos que pueden pasarse semanas, e incluso meses, en las estanterías del supermercado. Dicho de otro modo, estas grasas tan nocivas se usan por motivos comerciales.

Ten cuidado con alimentos del súper tales como pastas, galletas, bollos, obleas, mayonesa, helados, pasteles, empanadas, *pizza*, papas de bolsa y alimentos fritos (por ejemplo, las papas fritas).

Es importante leer los ingredientes que contienen para evitar las grasas trans. Rehúye de los productos que tengan grasas etiquetadas como «hidrogenadas» o «parcialmente hidrogenadas». Estas grasas pueden esconderse tras el nombre de «grasa vegetal». Una buena estrategia podría ser elegir productos cuya etiqueta detalle los tipos de grasa que contienen o especifique que no contienen grasas hidrogenadas. Ten cuidado con las pastas y las galletas porque pueden tener niveles relativamente altos de grasas trans.

Hallazgos científicos
En Dinamarca se restringió el uso de grasas hidrogenadas de producción industrial en la elaboración de los alimentos, tras lo cual se observó una mayor caída de la mortalidad por enfermedades cardiovasculares que en cualquier otro país durante el mismo periodo.

Grasas trans naturales
Las grasas trans se encuentran de forma natural en los frutos secos (ten cuidado con las nueces envejecidas), en los productos lácteos y en la carne de ternera y cordero. La cuestión es saber si las grasas trans naturales son igual de peligrosas que las industriales. Según el Instituto Sueco para la Alimentación, sí lo son, pero muchos científicos opinan lo contrario.

¿Las grasas saturadas son buenas o malas?
Las grasas saturadas pueden encontrarse, por ejemplo, en el chocolate, la bollería, los helados, la leche entera, el yogur, la mantequilla, la margarina, los aceites de palma y de coco, el queso, la manteca, la carne y los embutidos como las salchichas y el tocino. Durante mucho tiempo se ha considerado perjudicial comer grasas saturadas. Pero si se aconseja reducir su consumo, nos arriesgamos a que se sustituyan por carbohidratos de absorción rápida,

lo cual provoca un aumento de las concentraciones sanguíneas de insulina y glucosa, y, a su vez, extiende la inflamación por todo el cuerpo y acelera el envejecimiento. En vez de eso, debemos aumentar el consumo de grasas y aceites saludables para sentirnos saciados y bien.

En los últimos años se han publicado estudios que muestran que las grasas saturadas quizá no sean tan perjudiciales como se pensaba hasta ahora. Algunos científicos consideran, por ejemplo, que es preferible la mantequilla a la margarina. Las recomendaciones de los científicos varían también en el caso de la leche y los productos lácteos. Sin embargo, varios estudios apuntan a que los productos fermentados, como el yogur, son mejores que la leche.

Resumen de los consejos alimentarios

Come bastante de lo saludable para que puedas aguantar el resto

Este consejo es de Peter Nilsson, profesor de investigación cardiovascular en la Universidad de Lund. Se refiere a que si ingieres verdura con cada comida, esta te aportará suficientes antioxidantes para protegerte de los radicales libres que generan el resto de los alimentos. Eso significa que puedes reducir el riesgo de sufrir los efectos perjudiciales de los productos recomendados si comes también alimentos saludables.

Lo mismo vale para aquellos alimentos con un IG alto. Sus efectos nocivos disminuyen si se ingieren a la vez alimentos de IG bajo. Esto reduce el valor total del IG del plato. Si el azúcar se combina con otros alimentos, sobre todo con verduras o grasas saludables, se retrasa la absorción del azúcar en el organismo, se allanan los picos de glucosa e insulina y se reduce el grado de inflamación.

CONSEJO

6

Hidrátate bien

La alimentación no es lo único importante para gozar de una buena salud y vivir más. También la bebida puede contribuir a mejorar la salud. El agua es, claramente, la bebida número uno para la vida. Podemos prescindir de la comida durante bastantes días, pero sin agua u otros líquidos solo aguantaremos un par de días antes de que surjan complicaciones.

Si bebemos una cantidad adecuada de líquidos, crearemos un ambiente saludable en todo nuestro cuerpo. Si ingerimos pocos líquidos al día, haremos que el cuerpo funcione constantemente en un estado de deshidratación, lo cual puede ser el origen de muchos síntomas y enfermedades. Al beber la cantidad de líquidos recomendada, 1.5 litros, mantenemos una mejor salud en general.

El resto de las bebidas son principalmente el café, el té y las bebidas alcohólicas.

El café

El café contiene cafeína y antioxidantes, y varios estudios han demostrado que puede tener un efecto positivo para la salud. La cafeína es estimulante, mientras que los antioxidantes fortalecen el sistema inmunológico y combaten la inflamación.

Una taza de café americano contiene entre 100 y 150 miligramos de cafeína, y el efecto de una taza puede durar varias horas. Esto explica que algunas personas tengan dificultades para conciliar el sueño por la noche si han tomado café a última hora de la tarde.

Hay muchos datos científicos que demuestran que tomar café en cantidades razonables, tres o cuatro tazas al día —de café de goteo, no expreso—, tiene efectos positivos en la salud. Por eso, es una bebida recomendable, siempre que a uno le guste y no le cause molestias en el estómago u otros efectos secundarios. Pero hay que tener cuidado con las bebidas a base de café que contengan grandes cantidades de azúcar y grasas saturadas (nata o leche). Tomar café también puede asociarse a un consumo poco saludable de bollería y pasteles.

Dado que los estudios científicos han demostrado que el café descafeinado también tiene efectos saludables, no está del todo claro qué sustancias presentes en el café son beneficiosas para la salud. Es probable que los antioxidantes aporten la mayor parte de los efectos positivos.

Hallazgos científicos
Reduce el riesgo de padecer diabetes
En un amplio estudio estadounidense en el que siguieron a 125 000 personas durante un periodo de veinte años, se observó que aumentar el consumo de café en una taza al día reducía el riesgo de contraer diabetes, sin importar cuál fuera el consumo de café antes de empezar el estudio.

En un estudio aún mayor, en el que participaron alrededor de 450 000 personas, se demostró que quienes bebían tres o cuatro tazas de café al día tenían un riesgo de desarrollar diabetes un 25 por ciento más bajo que quienes bebían entre ninguna y dos tazas al día.

Reduce el riesgo de padecer un ictus
En un estudio en que siguieron a más de 80 000 mujeres durante veinte años se descubrió que quienes bebían dos o tres tazas de café al día mostraban un riesgo de ictus casi un 20 por ciento menor que quienes casi nunca bebían café. Curiosamente, el café descafeinado también reducía el riesgo de ictus, aunque en menor grado que el café entero con cafeína.

Reduce el riesgo de padecer Alzheimer

Un estudio sueco-finlandés demostró que las personas de mediana edad que bebían entre tres y cinco tazas de café al día tenían un riesgo de padecer enfermedad de Alzheimer casi un 60 por ciento menor que quienes bebían entre ninguna y dos tazas al día. Según el equipo de investigación, la explicación más probable era que el alto contenido de antioxidantes en el café tenía un efecto protector sobre el cerebro.

Reduce el riesgo de padecer Párkinson

Los estudios han demostrado que la cafeína puede reducir el riesgo de enfermar de párkinson. Se observó que quienes bebieron tres tazas de café al día durante un periodo de veinte años presentaron solo la mitad de riesgo de desarrollar párkinson.

Reduce el riesgo de reaparición del cáncer

Un estudio realizado en Lund demostró que las mujeres que bebían más de dos tazas de café al día tenían un menor riesgo de que reapareciera el cáncer de mama. Otro estudio descubrió que beber café se asociaba con un menor número de recaídas de cáncer de colon.

El té

El té contiene cafeína, al igual que el café, y en general ejerce un efecto estimulante. Una taza de té tiene entre 40 y 50 miligramos de cafeína, lo cual supone más o menos la mitad de la cantidad presente en el café. Esto se aplica al té negro, verde o blanco. Sin embargo, el té rojo (rooibos) y las tisanas no contienen cafeína.

El té (negro, verde y blanco) también es rico en antioxidantes que combaten la inflamación y protegen el sistema inmunológico. Al igual que el café, se ha demostrado que el té reduce el riesgo de padecer ictus, diabetes y enfermedades cardiovasculares. Una taza de té contiene aproximadamente la misma cantidad de antioxidantes que dos manzanas o siete vasos de jugo de naranja. Sin embargo, las tisanas no contienen muchos antioxidantes. La infusión de yerba mate es rica en antioxidantes y tiene poca cafeína, por lo que se considera que es especialmente buena para la salud.

Las bebidas alcohólicas

Los efectos del alcohol son un tema controvertido, ya que tanto puede beneficiar como perjudicar. Se considera que el consumo regular de bebidas alcohólicas en pequeñas cantidades es beneficioso para la salud y reduce el riesgo de contraer varias enfermedades. Sin embargo, el exceso de alcohol puede provocar una amplia serie de enfermedades y muerte prematura. Por desgracia, alrededor del 10 por ciento de la población ingiere el 50 por ciento del alcohol total que se consume. Es este grupo del 10 por ciento el que sufre los mayores problemas asociados con el consumo de alcohol.

¿En qué punto está entonces el equilibrio? En primer lugar, los beneficios del alcohol no se notan hasta que uno llega a la edad en que aumenta el riesgo de sufrir enfermedades cardiovasculares, es decir la mediana edad. El alcohol no tiene ningún efecto positivo sobre la salud de las personas más jóvenes.

En segundo lugar, los beneficios para la salud solo se dan en quienes son capaces de beber con moderación. Por eso, cada uno debe decidir por sí mismo si el alcohol debe estar incluido en un estilo de vida saludable. Beber hasta emborracharse anula por completo los efectos positivos del alcohol y supone, en cambio, el riesgo de desarrollar una adicción que trae consigo grandes problemas médicos y sociales.

Si un hombre y una mujer beben la misma cantidad de alcohol, en la mayoría de los casos, la mujer tendrá una tasa de alcoholemia más alta que el hombre. Esto se debe a que el alcohol se diluye en el agua presente en el cuerpo. Las mujeres suelen pesar menos que los hombres y, por eso, poseen menor cantidad de líquido corporal. Además, el alcohol se descompone en el hígado de la misma manera que se descomponen los estrógenos, las hormonas sexuales femeninas, lo cual hace que la descomposición del alcohol en el hígado sea un proceso más lento en las mujeres. Todos estos factores son interdependientes, lo que implica que existan distintos límites para la ingesta de alcohol y el consumo de riesgo en hombres y mujeres.

Se considera un consumo de riesgo cuando sobrepasa:
en hombres: 14 vasos de vino a la semana
en mujeres: 9 vasos de vino a la semana
Consumo de riesgo acumulado en una sola ocasión:
en hombres: 4 vasos de vino
en mujeres: 3 vasos de vino

Para calcular la equivalencia entre el vino y otras bebidas alcohólicas pueden usarse las siguientes medidas:
1 vaso de vino (150 ml) = 1 lata pequeña de cerveza fuerte (330 ml) = 40 ml de bebidas alcohólicas destiladas.

¿Es saludable el vino tinto?

El vino tinto contiene muchos polifenoles, entre ellos el súper antioxidante resveratrol. Esta sustancia se forma en la piel y las semillas de las uvas, que están presentes en el proceso de fermentación. Por eso el vino blanco, en cuya elaboración se separa la piel de la uva, no contiene tantos polifenoles. El resveratrol tiene un efecto positivo en los genes encargados de proteger las células sanas frente al envejecimiento y también puede frenar el desarrollo del cáncer. En el vino hay, además, otros tipos de antioxidantes que reducen la inflamación y protegen así al sistema inmunológico. Incluso el vino sin alcohol contiene antioxidantes. Se dice que la variedad de uva pinot noir tiene la concentración más alta de resveratrol, pero, en general, cuanto más oscuro, rústico y seco sea el vino, más antioxidantes contiene. Por eso brindamos con el vino tinto diciendo: «¡A tu salud!».

Hallazgos científicos
Reduce el riesgo de padecer enfermedades cardiovasculares

En varios estudios a gran escala se ha observado que el consumo regular de cantidades pequeñas o moderadas de alcohol reduce considerablemente el riesgo de contraer o morir de enfermedades cardiovasculares en personas de mediana edad y de edad avanzada.

En un informe del Instituto Sueco de Tecnología y Salud Pública se constató que las personas con diabetes que suelen beber una cantidad moderada de alcohol presentan menos riesgo de contraer o morir de enfermedades cardiovasculares que quienes no beben alcohol.

Reduce el riesgo de diabetes
En un estudio finlandés con más de 11 000 gemelos se observó, tras un periodo de seguimiento de veinte años, que el consumo moderado de alcohol (por ejemplo, 1-2 vasos de vino al día) reducía el riesgo de padecer diabetes un 30 por ciento en los hombres y un 40 por ciento en las mujeres.

Reduce el riesgo de artritis reumatoide
Un estudio escandinavo demostró que el riesgo de artritis reumatoide en personas que solían beber alcohol se reducía entre un 40 y un 50 por ciento en comparación con aquellas que no lo hacían.

Conclusión

Al parecer, beber con moderación, preferiblemente vino tinto, tiene efectos beneficiosos para la salud en las personas que superan la mediana edad. Sin embargo, también existen informes que ponen en duda los beneficios del alcohol. Así que hace falta investigar más para llegar a conclusiones más firmes.

Después de todo, puede resultar controvertido aconsejar a alguien que beba alcohol a diario, ya que incluso una leve o moderada ingesta de alcohol puede suponer un riesgo de adicción para ciertas personas. Por eso hay que estar atento a la relación que tenemos con el alcohol.

Si eres abstemio, no deberías empezar a beber alcohol solo para reducir el riesgo de enfermar. Teniendo en cuenta los aspectos negativos del alcohol, hay otras muchas formas menos arriesgadas de mejorar la salud.

El consumo de riesgo y el alcoholismo son siempre perjudiciales, y provocan una larga serie de enfermedades y muerte prematura.

CONSEJO

Controla tu peso

El aumento de peso es un tema de salud que afecta a muchas personas y que, al mismo tiempo, supone una carga emocional. Existe una amplia oferta de libros para adelgazar y artículos de prensa sobre distintos tipos de dietas. Pero a pesar de toda la información sobre nutrición, dietética y los problemas de salud relacionados con la obesidad, la población tiene cada vez más sobrepeso.

El sobrepeso puede desencadenar muchos estados que provocan un envejecimiento del cuerpo. El sobrepeso y la obesidad se asocian con un aumento de la inflamación, ya que particularmente, los cambios en la flora intestinal hacen que se extiendan por el cuerpo más sustancias tóxicas (endotoxinas), lo que provoca inflamación. Esto da lugar a hipertensión, diabetes y enfermedades cardiovasculares, entre otras patologías. Además, el cáncer se desarrolla en mayor medida en personas con sobrepeso.

Las dietas de moda no solucionan nada
Tanto la Dirección Nacional de Sanidad y Bienestar Social de Suecia como el Instituto Sueco de Tecnología y Salud Pública han constatado que no existe ningún método milagroso para adelgazar y que todos acaban, tarde o temprano, devolviéndote al peso inicial. Estar continuamente subiendo y bajando de peso estresa al cuerpo y acelera el envejecimiento.

Para adelgazar y mantener el peso ideal hay que adoptar unos hábitos de alimentación y ejercicio físico más saludables, que han de mantenerse de por vida.

¿Cuál es realmente el peso normal?

No hay que esforzarse por estar delgado, sino por evitar el sobrepeso, ya que eso puede proporcionar muchos años más de vida.

El índice de masa corporal

El método que suele usarse para calcular el peso normal es determinar el índice de masa corporal (IMC), que tiene en cuenta la relación entre la altura y el peso. (Si se es muy musculoso, el IMC no es una medida adecuada.)

Así se calcula el IMC
Divide tu peso en kilogramos por tu altura en metros al cuadrado.

Ejemplo: Una persona que pesa 70 kg y mide 175 cm (1.75 m) tiene un IMC de:

$$\frac{70}{1.75 \times 1.75} = 22.8$$

IMC para adultos

Peso bajo	Menos de 18.5
Peso normal	18.5-24.9
Sobrepeso	25-29.9
Obesidad	30 o más

La grasa peligrosa es la que se acumula alrededor de la cintura, y es más peligroso tener obesidad abdominal que un peso elevado.

Hallazgos científicos
Los estudios científicos han demostrado que la grasa abdominal es distinta a la que se acumula, por ejemplo, en los muslos. Las células adiposas del abdomen son activas y se ven afectadas por el estrés, con lo cual secretan ácidos grasos a la sangre, lo que a su vez se traduce en daños en el corazón, los vasos san-

guíneos, el hígado y el páncreas. La obesidad abdominal también deteriora la función de la insulina y provoca la formación de sustancias inflamatorias, lo cual aumenta el riesgo de padecer enfermedades cardiovasculares, hipertensión, ictus, diabetes y varios tipos de cáncer.

¿Cómo medir tu circunferencia abdominal?

Una manera más fácil y rápida de controlar tu peso es colocar una cinta métrica alrededor del vientre. La cinta debe estar más o menos dos centímetros por debajo del ombligo. Fíjate en que la cinta esté totalmente horizontal y que no se haya subido por la espalda. Respira suavemente mientras realices la medición.

Valores para hombres

Menos de 94 cm	Saludable
Entre 94 y 101 cm	Riesgo moderado
Más de 101 cm	Riesgo alto

Valores para mujeres

Menos de 80 cm	Saludable
Entre 80 y 88 cm	Riesgo moderado
Más de 88 cm	Riesgo alto

Por cada centímetro por encima del valor saludable se observa un aumento de la morbilidad.

Altura abdominal

Una forma nueva de medir con precisión la grasa abdominal peligrosa (aquella que está incrustada en el interior de los órganos del abdomen y entre ellos) es medir tumbado la altura abdominal sobre una superficie.

Así se mide la altura abdominal

Túmbate boca arriba sobre una superficie dura, con las rodillas dobladas, de manera que la parte inferior de la espalda toque la superficie.

Coloca una regla (o un nivel) en horizontal sobre el abdomen, a la altura del ombligo. Mide con otra regla o con un metro plegable la altura desde la superficie hasta la regla que tienes sobre el abdomen. No aguantes la respiración, debes respirar suavemente mientras realizas la medición.

Valor saludable

Para hombres	Menos de 22 cm
Para mujeres	Menos de 20 cm

Consejos generales para controlar tu peso

Sigue estos principios

- Adopta nuevos hábitos para alimentarte y vivir bien.
- Olvídate de las dietas especiales para adelgazar.
- En vez de eso, opta por comer regularmente alimentos saludables, buenos y en cantidades adecuadas para conseguir una pérdida de peso.

No te atiborres antes de abandonar la mesa

Hoy en día hemos perdido el control sobre el tamaño de las raciones de comida, que se han duplicado en los últimos veinte años. Las magdalenas son ahora tres veces más grandes que antes y las hamburguesas también han triplicado su tamaño. Las raciones grandes nos han incitado a comer más.

Una buena actitud frente a la comida es evitar comer hasta hartarte. Empieza por no servirte raciones tan grandes. Piensa en la regla del 2 de 3, de modo que en vez de tres papas, cómete dos, y así sucesivamente. No supone un gran sacrificio, pero si empiezas a multiplicar lo que puede significar, por ejemplo, a lo largo de un mes, la reducción es del orden de unas 30 a 40 papas menos. ¡Y eso es bueno para controlar el peso! Divide la pizza, ya que dos tercios pueden bastar para dejarte con sensación de saciedad, y comparte ese enorme bollo de canela, ¡dado que contiene las mismas calorías que una comida entera!

Come despacio y no repitas
No pienses solo en lo que ingieres, sino también en cómo lo comes. Si devoras la comida, no te da tiempo a sentirte lleno, de modo que es mucho más fácil repetir, porque sigues teniendo ganas de comer. Aparte del aumento de peso, el resultado es una digestión pesada y el riesgo de que se generen hinchazón abdominal y procesos de fermentación. Además, después de una comida tan fuerte te sentirás cansado.

En cambio, si comes despacio, masticas bien y dedicas tiempo a disfrutar de cada bocado, notarás en qué momento se te llena el estómago y tienes que parar, porque las señales de que estás lleno te habrán llegado al cerebro. Estas señales de saciedad no llegan hasta pasados entre diez y quince minutos, por lo que si esperas a sentir esa sensación, te será más fácil abstenerte de seguir comiendo.

Elige bien los alimentos
¡No vayas a comprar la despensa con hambre! Pues te arriesgas a llegar a casa con comida rápida en vez de aquello que tardes tiempo en cocinar.

Sustituye poco a poco los alimentos ricos en calorías por frutas y verduras. Pásate a alimentos con un índice glucémico bajo. Eso hará que la sensación de saciedad sea más duradera, tendrás menos ganas de comer en la próxima comida y así comerás menos.

Bebe agua en vez de cerveza o refrescos.

Reflexiona antes de comer, por ejemplo, un pastel
Puede ser interesante saber cuánto ejercicio tienes que hacer, caminando rápido o corriendo, para quemar determinados tipos de comida y bebida. Pero debes tener en cuenta que las cifras son una aproximación, porque dependen de tu peso y del tamaño que consideres que debe tener, por ejemplo, un trozo de pastel (véase la tabla 12).

TABLA 12. Distancia que debes recorrer caminando rápido o haciendo *footing* para quemar determinados alimentos y bebidas.

TIPO DE COMIDA O BEBIDA	DISTANCIA
1 taza de café sin azúcar	0 km
150 ml de cerveza con poco alcohol	0,8 km
1 galletita	1 km
150 ml de cerveza fuerte	1,4 km
150 ml de vino	1,5 km
10 papas de bolsa	2 km
15 cacahuates salados	2 km
10 papas fritas	4 km
1 bollo	6 km
1 hamburguesa	8 km
1 pastel	8 km
1 trozo de pay	8 km
1 pizza	10 km

¡Quizá las cifras anteriores te hagan reflexionar antes de zamparte otro pastel u otro bollo con el café!

Controla la báscula

Cuando modificas tu estilo de vida y empiezas a plantearte tener un peso más saludable, está bien conocer tu peso de partida: ¿qué indica la báscula? La báscula proporciona información inmediata sobre la situación y determina si es necesario hacer alguna corrección en uno u otro sentido. Si has comenzado a cambiar tus hábitos alimentarios y quieres saber cómo te va al cabo de unos días, no tienes más que pesarte para obtener una respuesta inmediata. Quizás hayas reducido tu peso en cien o doscientos gramos. Animado por ello, puedes hacer algún otro cambio en tu estilo de vida, y luego consultar la báscula otra vez. De esa manera aprenderás rápidamente cómo has de comer y vivir para mantener el peso deseado.

Si a su vez empiezas a practicar ejercicio, desarrollarás más músculo, lo que te hará aumentar de peso, pero entonces medir el contorno de la cintura te permitirá comprobar que has reducido la grasa abdominal y, en su lugar, has ganado musculatura. De ser así, ¡ya habrás dado un gran paso para mejorar tu salud!

Si no prestas atención, puede que estés comiendo y viviendo de una manera que te haga engordar unos pocos kilogramos a la semana. El peso seguirá aumentando semana tras semana, y lo hará de una forma tan lenta que casi no notarás lo que está pasando... hasta que de repente te des cuenta de que has engordado diez kilogramos.

Si prestas atención a tu peso, puedes comer alimentos ricos de forma prudente toda la vida, y menos kilos pueden significar más años de vida.

Buenos consejos
- Cómprate una buena báscula.
- Pésate de forma rutinaria.
- Detén enseguida una rápida subida de peso.
- Apunta tu peso, fíjate una meta.

Ayuno intermitente
Una popular forma de ayuno intermitente es la dieta 5:2, que implica reducir drásticamente la ingesta de calorías dos días a la semana, mientras los cinco días restantes se come como de costumbre.

Otro tipo de ayuno intermitente es el ayuno diario, que significa que no se come nada desde las 18 horas hasta las 12 horas del día siguiente.

El ayuno tiene un efecto positivo en el peso y en la diabetes, además de bajar la presión arterial y las concentraciones de glucosa y lípidos en la sangre. En ayunas, el cuerpo emplea la grasa que tiene acumulada como fuente de combustible en lugar del azúcar. De esa manera, se reduce el riesgo de padecer diabetes y enfermedades cardiovasculares.

CONSEJO

8

Cuida tu salud bucodental

Menos mal que existe el hilo dental

Se sabe desde hace mucho tiempo que hay una relación directa entre las enfermedades cardiovasculares y la hipertensión arterial, el tabaquismo, el estrés, la diabetes y la obesidad. También existe una relación entre la mala salud bucal, el tabaquismo y los malos hábitos alimentarios. Pero muchos se sorprendieron cuando empezó a sospecharse que la inflamación de las encías se asociaba con enfermedades en los vasos sanguíneos del organismo. ¿Cómo puede ser que la salud bucal afecte a la salud vascular?

Si sangran las encías, es una señal de aviso

En la actualidad sabemos que la gingivitis que hace sangrar las encías provoca con frecuencia bolsas periodontales profundas y, en última instancia, la caída de dientes (periodontitis). Las caries, si son importantes, pueden causar también inflamación en los dientes y a su alrededor. Si se permite que estas enfermedades dentales se desarrollen sin tratamiento, se produce una inflamación crónica de las encías que puede diseminar constantemente bacterias a la circulación sanguínea. En este caso, la inflamación no solo afecta a la boca, sino a todo el cuerpo. La inflamación, que puede durar semanas, meses y años, daña los vasos sanguíneos, lo cual puede aumentar el riesgo de padecer infarto de miocardio e ictus.

Hallazgos científicos

En un estudio se demostró que las personas que padecían gingivitis y periodontitis presentaban una tasa de mortalidad entre un 20 y 50 por ciento mayor que las personas sin esos trastornos. El motivo era que sufrían con más frecuencia enfermedades cardiovasculares e ictus.

Se calcula que no tener las encías inflamadas prolonga la vida más de seis años.

¿Cómo prevenir la periodontitis y las caries?

Acude al dentista con regularidad para hacerte una revisión. De esa manera, podrás detener las enfermedades dentales en una fase temprana con tratamientos sencillos. Durante la visita, el dentista te dará también instrucciones y consejos personalizados sobre la higiene bucal y la dieta.

Recuerda la «regla del dos»: cepilla los dientes con dos centímetros de dentífrico con flúor, durante al menos dos minutos, dos veces al día.

La limpieza de los espacios interdentales es tan importante o más que el cepillado, y también debe hacerse a diario. En la actualidad existe una gran variedad de palillos, hilos dentales y cepillos interdentales que puedes usar, dependiendo de lo separados que tengas los dientes. Limpiar los espacios interdentales es quizá lo más importante que puedes hacer para prevenir la periodontitis y las caries, aunque también es lo más fácil de olvidar.

Evita picar entre comidas o comer golosinas y cosas similares, porque cada vez que comes, las bacterias de la boca transforman el azúcar en ácidos que pueden corroer el esmalte dental. Cada vez que ingieres azúcar, mucha o poca, los dientes están expuestos a los ácidos durante treinta minutos. Por eso, si comes un caramelo seis veces al día, ¡los dientes estarán expuestos a la corrosión ácida durante un total de tres horas! Y eso puede producir caries y, con el tiempo, gingivitis.

Muchos medicamentos provocan sequedad bucal entre sus efectos secundarios, lo cual puede reducir la resistencia frente a enfermedades dentales.

Un anuncio sueco sobre el uso del hilo dental planteaba la siguiente pregunta y respuesta inteligentes:

Si te acuerdas de esto por la noche cuando estés frente al espejo limpiándote los espacios interdentales, ¡quizá te sientas más motivado para no saltarte ningún espacio! Y así podrás alegrarte de que al mantener las encías sanas, protegerás a tu cuerpo de la inflamación.

CONSEJO

9

Sé optimista

La pregunta de si ves el vaso medio lleno o medio vacío puede desvelar fácilmente cómo ves la vida, con optimismo o pesimismo. El optimista piensa en lo positivo («qué bien, queda la mitad»), mientas que el pesimista se centra en lo que falta, en lo negativo («pronto se acabará»). Esta actitud ante la vida tiene una gran importancia para la salud. El optimista no solo vive más años, sino que también le resulta más fácil hacer amigos y tiene una mayor capacidad de trabajo, más curiosidad, más éxito en su vida laboral y una vida más agradable. Sentir esperanza y optimismo es una pieza clave para el bienestar. No solo nacemos con el deseo de sobrevivir, sino también con el de vivir.

¿Por qué los optimistas viven más años?

El optimista busca soluciones, mientras que el pesimista solo ve problemas. Cuando surgen dificultades o contratiempos, el optimista invierte su energía en pensar «¿cómo puedo solucionar esto?», y se imagina que va a conseguirlo. Así se ahorra experimentar sensaciones de estrés, frustración e impotencia, lo cual evita que se eleven las concentraciones de glucosa en la sangre, que aumente la inflamación y que se deteriore el sistema inmunológico. A su vez, esto detiene el desarrollo del cáncer, así como el de enfermedades cardiovasculares. El pesimista, en cambio, gasta su energía preocupándose y estresándose, lo cual provoca una mayor inflamación y la muerte prematura.

Hallazgos científicos

En un estudio con 5 000 adultos se examinó el estado cardiovascular de los participantes, así como su grado de optimismo. Los resultados mostraron que quienes tenían una actitud positiva ante la vida eran dos veces más propensos a gozar de una buena salud cardiovascular, en comparación con quienes mostraban una actitud negativa. Los optimistas presentaban mejores cifras de glucosa y lípidos en la sangre.

En otro estudio se siguió a más de 120 hombres que acababan de sufrir su primer infarto de miocardio. Al cabo de ocho años habían muerto 21 de los 25 hombres más pesimistas, mientras que solo murieron 6 de los 25 más optimistas.

Siete de cada diez personas que mueren de forma prematura son pesimistas.

> **Los optimistas viven más que los pesimistas, y los estudios han demostrado que la diferencia puede ser de hasta siete años.**

¿Qué caracteriza al optimista y al pesimista?

El optimista siempre ve soluciones a todos los problemas. El pesimista siempre ve problemas en todas las soluciones.

El optimista dice: «Si quiero, puedo».
El pesimista dice: «No puedo; mejor me rindo».

El optimista dice: «Es difícil, pero no imposible».
El pesimista dice: «Quizá sea posible, pero es muy difícil».

El optimista dice: «Qué buen tiempo hace, ha salido el sol».
El pesimista dice: «Hoy sí, pero...».

El optimista hace que las cosas mejoren.
El pesimista espera que las cosas empeoren.

¿Te puedes volver optimista? ¿Cómo?

Motívate

Si tiendes a ser pesimista, intentar cambiar tu actitud ante la vida puede ser una buena estrategia para mejorar tu salud. Uno no nace pesimista, sino que se vuelve con el tiempo. Podemos aprender a sentirnos desdichados; ¡algunos lo practican todos los días!

Pero también podemos aprender a sentirnos optimistas y esperanzados, aunque no resulta fácil cuando uno ya ha asumido una determinada forma de pensar y actuar. Para romper ese patrón de conducta, primero hay que estar motivado para cambiar. Pensar en los beneficios (vivir tal vez siete años más y con mejor salud, hacer más amigos y disfrutar más que antes) puede ser una buena razón para esforzarse.

Empieza por analizarte

Obsérvate a ti mismo y analiza tus reacciones, nota cuándo empieza a surgir el pesimismo. Escúchate a ti mismo cuando hablas de las desgracias de tu vida y de tu entorno, de todo lo que te enfada, te entristece y te decepciona. Sé consciente de la cantidad de energía que estás dedicando a lo que no te gusta o a lo que no está bien.

Crea imágenes positivas

Intenta verlo todo desde otra perspectiva diferente y trata de pensar y actuar de una forma nueva. Emplea tu energía en crear imágenes positivas de aquello por lo que te sientes agradecido, de lo que te alegra o de lo que produce placer. Es aquí, en tu interior, donde arranca el viaje hacia el optimismo.

Piensa en positivo, siendo realista

El pensamiento positivo es una herramienta muy potente. Di cosas positivas y alimenta tu cerebro con mensajes positivos. Esto no significa que tengas que convertirte en un soñador con un montón de objetivos poco realistas, sino en un optimista realista que usa la fuerza mental correctamente, tiene los pies en el suelo y es consciente de los problemas y las dificultades, aunque rara vez se deje intimidar por ellos. El optimista no trata de ignorar lo negativo, pero tampoco se detiene ante ello, sino que ve los problemas como oportunidades. El optimista espera lo mejor, pero está preparado para lo peor.

Expresa gratitud y alegría

Valora lo importante en tu vida y presta atención a todo lo bueno que hay a tu alrededor. Procura pensar todos los días en tres o más cosas por las que te sientes agradecido. Expresa agradecimiento y alegría por las cosas importantes y, sobre todo, por las pequeñas cosas. Esto hará que surja la «felicidad diaria». El optimista es consciente de ella y se llena de emociones positivas.

Rodéate de gente positiva

Hay un refrán que dice: «Dime con quién andas y te diré quién eres». Evita al pesimista que te reste energía y socializa en aquellos grupos de gente optimista, pues esta última irradia una energía que es muy contagiosa. Comparte luego tu energía positiva con tu familia y tus amistades. Eso generará entusiasmo y ganas de vivir, y mejorará tanto tu salud como la de quienes te rodean.

Ríe y sonríe

El humor y la risa reducen la cantidad de hormonas del estrés, bajan la presión arterial y mejoran el estado de ánimo. Reír aumenta el nivel de endorfinas, lo cual produce una sensación de placer. El estrés se disipa, disminuye la inflamación en el cuerpo y el sistema inmunológico se refuerza y funciona mejor. Por lo tanto, tiene bastante de cierto eso de que «la risa es el mejor remedio». Compórtate como una persona alegre, camina con seguridad y con una sonrisa en la cara, y así te animarás a ti mismo.

Realiza alguna actividad física

La actividad física, sea cual sea, quema las hormonas del estrés y libera dopamina, la hormona del bienestar. Nos hace sentirnos bien, lo cual facilita que empecemos a pensar en positivo.

Sé generoso con los demás

En el fondo, el ser humano es generoso, y se alegra más al dar que al recibir. Por eso, regala tu energía y tu tiempo. Si puedes, échale una mano a quien lo necesite, apoya a tus amigos, dado que esa es una fuente importante de emociones positivas. Muestra el mismo entusiasmo por los éxitos de los demás que por los tuyos.

CONSEJO

10

Cuida tus relaciones sociales

El ser humano es un animal social. Nos necesitamos los unos a los otros. Las relaciones sociales y el apoyo de otras personas son necesidades básicas para sobrevivir y gozar de buena salud. Probablemente, la vida en sociedad haya sido una de las estrategias más importantes para la supervivencia de la especie humana.

Es vital tener unas buenas relaciones familiares, buenos compañeros de trabajo y un círculo de amistades estable. Pero lo importante no es el número de amigos o de encuentros sociales que tengas, sino la calidad. Tener buenas relaciones con pocas personas es mejor que tener muchas relaciones de mala calidad.

Puedes sentirte solo aunque estés rodeado de personas, ya sea el grupo grande o pequeño. Todo el mundo se siente solo a veces, es algo muy normal. La soledad elegida por uno mismo no supone ningún riesgo de la salud, a diferencia de la soledad involuntaria.

Evita a los ladrones de energía

Las buenas relaciones crean una energía positiva que es favorable para la salud y aporta bienestar. Pero también puede darse el caso contrario, que algunas personas a tu alrededor te roben energía. Después de estar con una de ellas, te sentirás cansado y vacío, y muchas veces es fácil experimentar una sensación de fracaso. Elige los amigos adecuados y cuida las buenas amistades.

¿Qué se gana pasando tiempo con los amigos?

Salir con los amigos y sentirnos respetados y queridos por lo que somos (y poder también ofrecer lo mismo a cambio) resulta reconfortante. Cuanto más compartimos, más fuertes y sanos somos nosotros mismos y nuestras relaciones.

Las buenas relaciones sociales ejercen un efecto positivo, al aumentar la cantidad de hormonas del bienestar y reducir las hormonas del estrés y de la inflamación. Así reforzamos nuestro sistema inmunológico y alargamos años nuestra vida, que también se vuelve más divertida.

El viejo dicho de que «la soledad te hace fuerte» no es cierto, puesto que somos mucho más fuertes si formamos parte de una comunidad positiva.

Quienes gozan de relaciones positivas, es decir, tienen buenas y estrechas relaciones familiares, buenos amigos o mascotas queridas, se recuperan antes de las enfermedades y viven más tiempo.

Hallazgos científicos

Varios estudios han demostrado que la mortalidad es mayor en las personas que están solas. Por ejemplo, quienes viven solos tienen un mayor riesgo de sufrir ictus que quienes viven acompañados.

En un amplio estudio que incluía a 180 000 personas se observó que el riesgo de infarto de miocardio aumentaba casi un 30 por ciento en quienes se sentían solos o tenían pocos contactos sociales. En el caso de ictus, el aumento del riesgo era de algo más del 30 por ciento.

En un estudio estadounidense se demostró que el riesgo de contraer la enfermedad de Alzheimer era más del doble en quienes se sentían solos, en comparación con los que no se sentían así.

Los peligros de la soledad involuntaria

Si las relaciones sociales son escasas durante un periodo de tiempo prolongado, aumenta la vulnerabilidad del individuo. La soledad involuntaria, la perjudicial, implica no tener a nadie con quien compartir tus sentimientos o sentir cercanía. La soledad puede causar más sufrimiento que el dolor físico.

A veces, el ambiente puede provocar que la soledad se haga especialmente dura. Un ejemplo puede ser el de la abuela entusiasmada que habla sin parar de sus maravillosos nietos. No se detiene a pensar que entre los presentes pueda haber personas sin familia o que no hayan podido tener hijos. Es importante ser consciente de la situación en que nos encontramos y prestar atención a lo que decimos para no herir a nadie. También es importante estar atento por si alguien (por ejemplo, en el trabajo) se siente aislado. Entonces hay que ser generoso, mostrar interés por la persona en cuestión e invitarla a hablar, y así surgirá la amistad.

Nuestro entorno social tiene un impacto considerable en nuestra salud. Si nos sentimos solos y marginados, y nos falta apoyo, merma nuestra resistencia frente al estrés y la enfermedad. El estrés psicológico provoca inflamación y deteriora de forma directa el sistema inmunológico, el sistema cardiovascular y los diferentes órganos del cuerpo, lo cual aumenta el riesgo de enfermar y de morir de forma prematura.

Muchos saben que el estrés, la obesidad y el sedentarismo perjudican la salud, pero no son tantos los que saben que la soledad involuntaria puede influir en gran medida en la salud. Por eso, en este capítulo voy a profundizar en los consejos sobre las diferentes maneras de romper con la soledad, lo cual tiene que ver, sobre todo, con un proceso interior.

La soledad involuntaria es peligrosa, ya que duplica el riesgo de enfermar y morir de forma prematura. Sentirse marginado afecta a la mortalidad en la misma medida, o más, que el tabaquismo, el estrés, la obesidad o la hipertensión.

Haz amigos

Con el tiempo, una amistad puede convertirse en una fuente de alegría y confianza. Para crear una buena relación con otras personas es importante:

- Poder hablar de todo, de temas trascendentes e intrascendentes.
- Saber escuchar.
- Ser positivo, mostrar aprecio, dar tu opinión y pasarlo bien juntos.
- Mostrar consideración.
- Respetar las diferencias, ser capaz de comprometerte y ser flexible.

Al interactuar con los demás, es importante sentir y mostrar empatía, intentar ponerse en el lugar de la otra persona. Si uno no entiende la situación del otro, no puede ser un buen amigo ni mostrar respeto mutuo. Tampoco puede apoyarlo o aconsejarlo en caso de necesidad. Si tienes todo esto en cuenta a la hora de desarrollar tu red de amigos, gozarás de amistades profundas, duraderas y enriquecedoras.

¿Cómo se hacen nuevos amigos?

Una amistad puede entablarse de muchas maneras diferentes, y no tiene que estar determinada por la edad. Tener amigos de distintas edades enriquece la vida. Todos tenemos la posibilidad de encontrar nuevos amigos, dependiendo de nuestra situación.

Maneras de encontrar amigos:
- Apuntarte a un curso o unirte a un grupo que te interese (por ejemplo, un curso de cocina o de fotografía, una asociación dedicada a la observación de aves o la jardinería, un gimnasio, etcétera), puesto que allí hay gente que comparte tus intereses.
- Atreverte a viajar solo, a hablar con personas desconocidas.
- Salir a bailar.

- Usar las redes sociales como Facebook, grupos de chat u otros métodos para hacer amigos por internet.
- Empezar a pasear, hacer ejercicio con alguien.
- Invitar a tu vecino a un café o ir al cine con alguien.
- Colaborar con alguna ONG.
- Cantar en un coro.
- Adoptar una mascota para que sea tu amiga.

Encontrar amigos no es fácil

Pueden surgir muchos obstáculos en el camino. Estos son los más comunes:

- El miedo: empezar a relacionarse con gente nueva puede ser emocionante y aterrador a la vez. A menudo, el miedo vence a la curiosidad.
- La falta de autoestima: «Nadie va a querer pasar tiempo conmigo. No tengo nada que ofrecer y seguro que todos piensan que soy aburrido».
- El ambiente inseguro en las calles y el miedo a salir solo por la noche. Esto puede hacer que renunciemos a salir y a conocer a otras personas.

El miedo y la falta de autoestima hacen que tomemos malas decisiones. Aunque no aguantemos la soledad, no nos atrevemos a hacer nada para salir de ella.

La clave del cambio

Primer paso: comprende
El primer paso es intentar entender la situación, ser honesto contigo mismo, ver el problema con claridad y entender sus consecuencias.

«No tengo amigos cercanos, ni pareja. Estoy solo el viernes por la noche, mientras otros están viendo una película juntos. Los días de fiesta son los más deprimentes del año, porque la soledad duele aún más. A menudo estoy triste y parece como si la vida estuviera pasando sin mí».

Puede ser muy duro tener esa imagen de uno mismo y empezar a darte cuenta de la realidad. Pero es precisamente ahí donde puede surgir algo nuevo, porque en este momento de lucidez nace la idea de que algo tiene que cambiar.

Segundo paso: motívate

Ahora puede que te ronde la idea de probar a hacer algo nuevo. Aparece la motivación, que es la fuerza que te llevará a romper con la soledad.

A menudo tienes tu propia solución al problema, algo que se adapta a tu situación concreta. Ahí está la mejor solución: dentro de ti.

En esta fase hay que vencer los miedos: el miedo es un mecanismo de defensa que limita tu vida. Ahora debes superarlo, atreverte a seguir avanzando a la vez que analizas las diferentes opciones, sin exagerar los peligros e imaginando un objetivo positivo.

Tercer paso: fíjate un objetivo

Ahora que tienes fuerza y motivación para cambiar tu situación, estás preparado para marcarte un objetivo: ¿Cómo quieres que sea tu vida? Ya vas por el buen camino, pues has fijado tu meta y has tomado una decisión.

Cuarto paso: toma la iniciativa

Pon manos a la obra, por fin existe una posibilidad de que ocurra algo. Claro que habrá amigos y una buena pareja que encajen contigo. Tan solo necesitas energía y determinación para encontrar tu «tesoro», porque los amigos valen más que el oro, y además, hacen que tu vida sea más larga, divertida y saludable.

No te rindas

Si surge ansiedad e inseguridad, hay que volver a la imagen inicial: ¿Cuál es mi situación actual? Y luego hay que plantearse la pregunta: ¿Quiero seguir viviendo así? La respuesta será negativa, lo cual te ayudará a enfocarte de nuevo en tu objetivo y superar el miedo. ¡Es hora de que cambien las cosas! No hay que pensar «¿cómo va a salir esto?», sino «¿qué tengo que hacer para que salga bien?».

Hay muchas tarjetas bonitas con proverbios y mensajes relativos a atreverse a dar el primer paso, a creer en ti mismo, a decirte que tú puedes, a que tú lo vales, etcétera. Estas declaraciones pueden colocarse, por ejemplo, en el espejo del baño o en el refrigerador, para recordarte la nueva imagen de ti mismo y que esta vez lo vas a conseguir.

Una vez que des el primer paso, ya te habrás puesto en marcha. Entonces será mucho más fácil pensar: «Ahora daré el siguiente paso». Y eso se convertirá en una espiral positiva, en la que el primer paso es el más difícil.

Por supuesto, habrá días en los que empezarás a dudar de ti mismo, estarás cansado o te sentirás vulnerable. Quizá no des un paso adelante justo ese día, pero lo importante es mantener el objetivo a la vista y volver a intentarlo lo antes posible. Es importante no rendirse ante el primer obstáculo, sino tratar quizá de ser aún más flexible en el camino hacia la meta. Si el primer intento no salió muy bien, piensa otra solución que quizá salga mejor.

Si consigues ver un contratiempo como una experiencia valiosa e importante, aumentará la probabilidad de que la próxima vez salga mejor. Es decir, los contratiempos son buenos y son una oportunidad para crecer y evolucionar. La aversión a la derrota viene del miedo. En su lugar, deja que venza la curiosidad; la inseguridad es parte de la vida y hace que sea emocionante. ¡Despliega tus alas y atrévete a triunfar!

¡Empieza hoy!

El libro se ha terminado, pero ¡el resto de tu vida acaba de empezar! ¿Cómo eliges vivirla?

Ya sabes qué te hace más fuerte y qué frena el envejecimiento.

Ahora tienes la oportunidad de cambiar tu estilo de vida, así que ahí va mi último consejo: ¡empieza hoy!

¡Buena suerte!

Bibliografía

La información que contiene este libro se basa en todo el conocimiento y la experiencia que he adquirido trabajando de médico general durante veinte años y, más tarde, como investigador de medicina y salud pública en la Universidad de Gotemburgo durante otros veinte años.

Este libro también se basa en un gran número de artículos científicos, resúmenes de resultados de las investigaciones, libros científicos, directrices nacionales y declaraciones de científicos y autores reconocidos y respetados.

Bibliografía

Bibliografía general relativa a varios capítulos del libro

Antonovsky, A., *Hälsans mysterium*, Natur och Kultur, Estocolmo, 2005 (*Unraveling the mystery of health*. Jossey-Bass Inc, 1987).

Carper, J., *Mirakelhjärnan*, Forum, Estocolmo, 2001.

Csíkszentmihályi, M., *Finna flow, den vardagliga entusiasmens psykologi*, Natur och Kultur, Estocolmo, 1999 (trad. cast.: *Fluir: una psicología de la felicidad*, Barcelona, Kairós, 2014).

Ehdin Anandala, S., *Nya självläkande människan*, Bladh by Bladh, 2014.

Ennart, H., *Åldrandets gåta, metoderna som förlänger ditt liv*, Ordfront, Estocolmo, 2013.

Marklund, B., *Symtom, Råd, Åtgärd*, Studentlitteratur, Lund, 2008.

Roizen, M., *Real Age*, Egmont Richter AB, Malmö, 2000.

Roizen, M., y E. Stephenson, *Real Age. Are You as Young as You Can Be?*, Harper Collins e-books, 2010.

Servan-Schreiber, D., *Anticancer, ett nytt sätt att leva*, Natur & Kultur, Estocolmo, 2011 (trad. cast.: *Anticáncer: una nueva forma de vida*, Espasa, Barcelona).

World Health Organization, *The Ottawa Charter for Health Promotion*, WHO Regional Office for Europe, Copenhague, 1986 (trad. cast.: *Carta de Ottawa para el Fomento de la Salud*, Organización Mundial de la Salud, Copenhague, 1986).

Bibliografía específica relativa a algunos capítulos del libro

¿Qué determina la duración de tu vida?

Knoops, K. T. B., *et al.*, «Mediterranean Diet, Lifestyle Factors and 10-Year Mortality in Elderly European Men and Women: The HALE Project», *JAMA*, 292, 2004, págs. 1433-1439.

Khaw, K., *et al.*, «Combined Impact of Health Behaviours and Mortality in Men and Women: The EPIC-Norfolk Prospective Population Study», *PLoS Med*, 5, 2008, e12.

Lichtenstein, P., *et al.*, «Environmental and Heritable Factors in the Causation of Cancer: Analyses of Cohorts of Twins from Sweden, Denmark, and Finland», *N Engl J Med*, 343, 2000, págs. 78-85.

Wilhelmsen, L., *et al.*, «Factors Associated with Reaching 90 Years of Age; a Study of Men Born in 1913 in Gothenburg, Sweden», *J Intern Med*, 269, 2011, págs. 441-451.

Rejuvenece con el ejercicio físico

Biswas, A., *et al.*, «Sedentary Time and Its Association with Risk for Disease Incidence, Mortality, and Hospitalization in Adults: A Systematic Review and Metaanalysis», *Ann Intern Med*, 162, 2015, págs. 123-132.

Dunstan, D. W., *et al.*, «Television Viewing Time and Mortality: the Australian Diabetes, Obesity and Lifestyle Study», *Circulation*, 121, 2010, págs. 384-391.

Fröberg, A., y A. Raustorp, «Samband mellan stillasittande och ohälsa varierar med mätmetod», *Läkartidningen*, 113, 2016, DU33.

Henriksson, J., M. Ekbom y J. Tranquist, FYSS: *Fysisk aktivitet i sjukdomsprevention och sjukdomsbehandling*, Statens Folkhälsoinstitut, 2003.

Jansson, E., M. Hagströmer y S. Anderssen, «Fysisk aktivitet: nya vägar och val i rekommendationerna för vuxna», *Läkartidningen*, 112, 2015, DP7W.

Johansson, S., y J. Qvist, «Motion förlänger livet», *Välfärdsbulletinen*, 2, 1997, pág. 12.

Norling, I., M. Sullivan y B. Marklund, *Fritid och hälsa. Rapport 11*, Gotemburgo, 1995.

Senchina, D. S., «Effects of Regular Exercise on the Aging Immune System: A Review», *Clin J Sport Med*, 19, 2009, pág. 439-440.

Smith, T. C., «Walking Decreased Risk of Cardiovascular Disease Mortality in Older Adults with Diabetes», *J Clin Epidemiol*, 60, 2007, 309-317.

Sundberg, C. J., y E. Jansson, «Fysisk aktivitet en viktig medicin», *Läkartidningen*, 112, 2015, DRT4.

Saca tiempo para relajarte

Arnetz, B., y R. Ekman, *Stress: Gen, Individ, Samhälle*, Liber AB, Estocolmo, 2013.

Kivipelto, M., *et al.*, «A 2 Year Multidomain Intervention of Diet, Exercise, Cognitive Training, and Vascular Risk Monitoring Versus Control to Prevent Cognitive Decline in At-Risk Elderly People (FINGER): A Randomised Controlled Trial», *Lancet*, 385, 2015, págs. 2255-2263.

Melander, O., *et al.*, «Stable Peptide of the Endogenous Opioid Enkephalin Precursor and Breast Cancer Risk», *J Clin Oncol*, 33, 2015, págs. 2632-2638.

Duerme bien

Åkerstedt, T., «Livsstilen påverkar sömnen: på gott och ont», *Läkartidningen*, 107, 2010, págs. 2072-2076.

Bellavia, A., *et al.*, «Sleep Duration and Survival Percentiles Across Categories of Physical Activity», *Am J Epidemiol*, 179, 2014, págs. 484-491.

Khamsi, R., «Afternoon Naps May Boost Heart Health», *Arch Int Med*, 167, 2007, pág. 296.

Kripke, D. F., *et al.*, «Mortality Associated with Sleep Duration and Insomnia FREE», *Arch Gen Psychiatry*, 59, 2002, págs. 131-136.

Toma el sol, pero con moderación

Giovannucci, E., «Uttalande på Amerikanska Cancerforskningsförbundets konferens i Arnaheim», Kalifornien, 2005.

Giovannucci, E., «Vitamin D Status and Cancer Incidence and Mortality», *Adv Exp Med Biol*, 624, 2008, págs. 31-42.

Lindqvist, P. G., *et al.*, «Avoidance of Sun Exposure as a Risk Factor for Major Causes of Death: A Competing Risk Analysis of the Melanoma in Southern Sweden Cohort», *J Int Med*, 280, 2016, págs. 375-387.

Tuohimaa, P., *et al.*, «Does Solar Exposure, as Indicated by the Non-Melanoma Skin Cancers, Protect from Solid Cancers: Vitamin D as a Possible Explanation», *Eur J Cancer*, 43, 2007, págs. 1701-1712.

Come bien para estar sano

Bengmark, S., «Vår tids kost bakom inflammation och sjukdomsutveckling», *Läkartidningen*, 104, 2007, págs. 3873-3877.

Bengmark, S., «Den bioekologiska medicinen har kommit för att stanna. Om flora, synbiotika, immunitet och resistens mot sjukdom», *Läkartidningen*, 102, 2005, págs. 2-6.

Cederholm, T., y E. Rothenberg, «Krypskytte mot vetenskapen äventyrar folkhälsoarbetet», *Läkartidningen*, 113, 2016, págs. 784-785.

Knoops K. T., *et al.*, «Mediterranean Diet, Lifestyle Factors, and 10-Year Mortality in Elderly European Men and Women: The HALE Project», *JAMA*, 292, 2004, págs. 1433-1439.

Kwok C. S., *et al.*, «Habitual Chocolate Consumption and Risk of Cardiovascular Disease Among Healthy Men and Women», *Heart*, 101, 2015, págs. 1279-1287.

Lindstedt, I., y P. Milsson, «Flavanoler, kakao och choklad påverkar hjärtkärlsystemet», *Läkartidningen*, 108, 2011, págs. 324-325.

Livsmedelsverket, Kostråd och matvanor, 2015.

Nilsson, P. M., «Medelhavskosten skyddar hjärtat», *Läkartidningen*, 106, 2009, pág. 1959.

Nordic Nutrition Recommendations 2012. Integrating nutrition and physical activity, Nordiska ministerrådet, Copenhague, 2014.

Paulun, F., *Blodsockerblues: en bok om glykemiskt index*, Fitnessförlaget, Estocolmo, 2003.

Rydén, L., *et al.*, «Betala för sjukdom eller investera i hälsa?», *Läkartidningen*, 109, 2012, págs. 1535-1539.

Simopoulos, A. P., «Importance of the Omega-6/Omega-3 Balance in Health and Disease: Evolutionary Aspects of Diet», *World Rev Nutr Diet*, 102, 2011, págs. 10-21.

Simopoulos, A.P., O. Faergeman, y P.G. Bourne, «Action Plan for Healthy Agriculture, Healthy Nutrition, Healthy People», *World Rev Nutr Diet*, 102, 2011, págs. 1-5.

Stender, S., A. Astrup y J. Dyerberg, «Ruminant and Industrially Produced Trans Fatty Acids: Health Aspects», *Food Nutr Res*, 52, 2008, <doi: 10.3402/fnr.v52io.1651>.

—, «Tracing Artificial Trans Fat in Popular Foods in Europe: A Market Basket Investigation», *BMJ Open*, 4, 2014, e005218.

Vos, E., «Whole Grains and Coronary Heart Disease», *Am J Clin Nutr*, 70, 1999, págs. 412-419.

Wolk, A., *et al.*, «A Prospective Study of Association of Monounsaturated Fat and Other Types of Fat with Risk of Breast Cancer», *Arch Intern Med*, 158, 1998, págs. 41-45.

World Cancer Research Fund International. Continuous Update Project. Septiembre de 2015.

Hidrátate bien

Bhupathiraju, S. N., *et al.*, «Changes in Coffee Intake and Subsequent Risk of Type 2 Diabetes: Three Large Cohorts of US Men and Women», *Diabetologia*, 57, 2014, págs. 1346-1354.

Eskelinen, M. H., *et al.*, «Midlife Coffee and Tea Drinking and the Risk of Late-Life Dementia: A Population-Based CAIDE Study», *J Alzheimers Dis*, 16, 2009, págs. 85-91.

Fagrell, B., y R. Hultcrantz, «Alkohol inte enbart av ondo: måttligt intag minskar risk för folksjukdomar», *Läkartidningen*, 109, 2012, págs. 1884-1888.

Fredholm, B., «Kaffe minskar risk för Parkinsons sjukdom», *Läkartidningen*, 101, 2004, págs. 2552-2556.

Guercio, B. J., *et al.*, «Coffee Intake, Recurrence, and Mortality in Stage III Colon Cancer: Results from CALGB 89803 (Alliance)», *J Clin Oncol*, 33, 2015, págs. 3598-3607.

Hansen, A., «Kaffe minskar risken för stroke», *Läkartidningen*, 13, 2009.

Rosendahl, A., *et al.*, «Caffeine and Caffeic Acid Inhibit Growth and Modify Estrogen Receptor and Insulin-Like Growth Factor I Receptor Levels in Human Breast Cancer», *Clin Cancer Res*, 21, 2015, págs. 1877-1887.

Controla tu peso

Bengmark, S., «Obesity, the Deadly Quartet and the Contribution of the Neglected Daily Organ Rest: A New Dimension on Un-health and its Prevention», *HepatoBiliary Surg Nutr*, 4, 2015, págs. 278-288.

«Övervikt och fetma», *Läkemedelsboken 2014*, Läkemedelsverket, págs. 201-208.

Cuida tu salud bucodental

Hugoson, A., *et al.*, «Oral Health of Individuals Aged 3-80 years in Jönköping, Sweden during 30 years», *Swed Dent J*, 29, 2005, págs. 139-155.

Hugoson, A., *et al.*, «Distribution of Peridontal Disease in a Swedish Adult Population 1973, 1983 and 1993», *J Clin Periodontol* 25, 1998, págs. 542-548.

Vedin, O., *Prevalence and Prognostic Impact of Periodontal Disease and Conventional Risk Factors in Patients with Stable Coronary Heart Disease*, Avhandling, Uppsala universitet, 2015.

Sé optimista

Chida, Y., y A. Steptoe, «Positive Psychological Well-Being and Mortality: A Quantitative Review of Prospective Observational Studies», *Psychosom Med*, 70, 2008, págs. 741-756.

Fexeus, H., *Konsten att få superkrafter*, Forum, Estocolmo, 2012, 396-398.

Hernandez, R., *et al.*, «Optimism and Cardiovascular Health: Multi-Ethnic Study of Atherosclerosis (MESA)», *Health Behav Policy Rev*, 2, 2015, págs. 62-73.

Sebö, S., *Bruksanvisning för ett bättre liv*, Konsultförlaget, Uppsala, 2000.

Cuida tus relaciones sociales

Cole, S. W., *et al.*, «Myeloid Differential Architecture of Leukocyte Transcriptome Dynamics in Perceived Social Isolation», *Proc Natl Acad Sci U S A*, 112, 2015, págs. 15142-15147.

Lindmark, A., *et al.*, «Socioeconomic disparities in stroke case fatality: Observations from Riks-Stroke, the Swedish Stroke Register», *Int J Stroke*, 9, 2014, págs. 429-436.

Valtorta, N. K., *et al.*, «Loneliness and Social Isolation as Risk Factors for Coronary Heart Disease and Stroke: Systemic Review and Meta-Analysis of Longitudinal Observational Studies», *Heart*, 102, 2016, págs. 1009-1016.

Wilson, R. S., *et al.*, «Loneliness and Risk of Alzheimer disease», *Arch Gen Psychiatry*, 64, 2007, págs. 234-240.

Agradecimientos

He recibido inestimables opiniones sobre el texto, la estructura y el contenido del libro de las siguientes personas: Johan Appel, Tina Arvidsdotter, Harald Arvidsson, Jenny Bernson, Maria Fredriksson, Sven Kylén, Eva Larsson, Johan Malmquist, Åsa Marklund, Håkan Patrikson, así como de las familias de Karin, Martin y Ola Marklund.

Agradezco a mi hija Karin Marklund la brillante corrección lingüística de todos los textos. Doy las gracias a mi hermana, la doctora Britt-Inger Henrikson, por su revisión profesional del rigor científico del texto y de su estructura.

Por último, pero no menos importante, agradezco su amable colaboración y el tratamiento profesional del texto a Simon Brouwers, de la editorial Volante, y a Christine Edhäll, de la Ahlander Agency.

¡Muchísimas gracias a todos!

Bertil Marklund
Vänersborg
Junio de 2016